U0684895

中華古籍保護計劃

ZHONG HUA GU JI BAO HU JI HUA CHENG GUO

·成果·

（北魏）楊衒之 撰

明本洛陽伽藍記

國家圖書館出版社

圖書在版編目(CIP)數據

明本洛陽伽藍記 / (北魏)楊衒之撰. —北京:國家圖書館出版社,2022.6
(國學基本典籍叢刊)
ISBN 978-7-5013-6364-3

Ⅰ.①明… Ⅱ.①楊… Ⅲ.①洛陽—地方史—史料—北魏 ②寺院—史料—洛陽—北魏 Ⅳ.①K296.13 ②K928.75

中國版本圖書館 CIP 數據核字(2018)第038048號

書　　名 明本洛陽伽藍記
著　　者 (北魏)楊衒之 撰
責任編輯 程魯潔
封面設計 徐新狀

出版發行 國家圖書館出版社(北京市西城區文津街7號 100034)
(原書目文獻出版社 北京圖書館出版社)
010-66114536 63802249 nlcpress@nlc.cn(郵購)
網　　址 http://www.nlcpress.com
印　　裝 北京市通州興龍印刷廠
版次印次 2022年6月第1版 2022年6月第1次印刷

開　　本 880×1230 1/32
印　　張 6.5
書　　號 ISBN 978-7-5013-6364-3
定　　價 20.00圓

《國學基本典籍叢刊》編委會

《國學基本典籍叢刊》前言

國家圖書館出版社（原書目文獻出版社 北京圖書館出版社）成立三十多年來，出版了大量的中國傳統文化典籍。由於這些典籍的出版往往采用叢書的方式或綫裝形式，供公共圖書館和大學圖書館典藏使用，普通讀者因價格較高、部頭較大，不易購買使用。爲弘揚優秀傳統文化，滿足廣大普通讀者的需求，現將經、史、子、集各部的常用典籍，選擇善本，分輯陸續出版單行本。每書之前均加簡要説明，必要者加編目録和索引，總名《國學基本典籍叢刊》。歡迎讀者提出寶貴意見和建議，以使這項工作逐步完善。

編委會

二〇一六年四月

序　言

《洛陽伽藍記》以記載北魏洛陽佛寺的興廢爲綱，兼述洛陽的城邑建制和當時史事。内容涉及北魏的歷史、政治、經濟、社會、文學、藝術、宗教、民俗、建築、交通等諸多方面，素有北魏洛陽『百科全書』之美譽，具有很高的文獻價值和學術價值，是中古極爲珍貴的文獻典籍。它文筆雋秀，内涵豐富，史料珍稀，後世將其與酈道元的《水經注》、顔之推的《顔氏家訓》并稱爲『北朝三書』。伽藍，即梵文『saṃghārāma』音譯『僧伽藍摩』之略語，意譯爲僧衆所住的園林或僧院，後來成爲佛寺的通稱。

作者楊衒之，或作陽衒之、羊衒之，在史傳中不見其姓字。惟唐釋道宣《廣弘明集》卷六《王臣滯惑解》載有其小傳，説他是北平（今河北遵化，一説河北滿城）人，北魏末任秘書監。他在《洛陽伽藍記》卷一自稱曾在孝莊帝永安年間（五二八—五三〇）任奉朝請。隋費長房《歷代三寶紀》、唐釋道宣《續高僧傳》《大唐内典録》、唐釋道世《法苑珠林》等佛教經籍中都記載他曾做過期城郡（今河南泌陽）太守，而自南宋陳振孫《直齋書録解題》以來，歷代著録及版本則題其官職爲『（後）

魏撫軍（府）司馬』（注：後魏即北魏）。通過上述史料，大致可勾勒楊衒之的人生軌迹：北平人，生卒年不詳，約北魏末至東魏在世，曾任奉朝請、期城太守、撫軍府司馬、秘書監等官職。此外，楊衒之另撰有《廟記》一卷，朱祖延《北魏佚書考》輯佚三十八條，內容主要記述漢代長安宮殿陵墓之事及宮廷軼聞、風俗人情和歷史傳説等，與《洛陽伽藍記》在寫作模式上有很多相似之處，可見楊衒之是當時學識淵博的地理學者。

北魏太和十九年（四九五），孝文帝正式遷都洛陽。由於統治者崇信佛教，佛法盛行，王公貴族競相捐輸建寺，佛寺從西晋末年的四十二所，劇增至一千三百六十七所。整個洛陽城『招提櫛比，寶塔駢羅』『金刹與靈臺比高，講殿共阿房等壯』，佛寺壯麗豪奢，窮極土木之勝，無與倫比。外國沙門曾目睹永寧、景明、永明三座皇家佛寺的盛狀，無不驚歎稱絶，洛陽儼然成爲佛教的王國。佛寺的過度營建消耗了北魏大量的國力，再加上胡靈太后臨朝稱制，淆亂朝政，最終釀成北魏末年的爾朱氏之亂和高氏專權。永熙三年（五三四），洛陽陷於兵燹，北魏遷都鄴城，繁華之地成爲廢墟。東魏孝靜帝武定五年（五四七），楊衒之因行役重覽洛陽，此時已在永熙喪亂的十餘年之後，佛寺大多被毁，昔日的繁華名都，變成了『城郭崩毁，宮室傾覆，寺觀灰燼，廟塔丘墟』的凋殘景象。作者感慨傷懷，頓生《麥秀》之感、《黍離》之悲，因摭拾舊聞，追叙故迹，作《洛陽伽藍記》，以寄托自己對故都衰敗的傷感和伽藍繁盛的追憶，於當時豪門貴族的驕奢淫逸，亦寓有諷譏之意。

《洛陽伽藍記》分城内、城東、城南、城西、城北五卷，記載寺廟八十五處，其中正記三十九處，附見四十六處。楊衒之在記述佛寺盛衰興廢的同時，對洛陽的宮城建制、里坊街道作了極爲精確的記述，這些甚至可以和漢魏故城的考古發掘相互對比和印證；書中生動地記載了北魏洛陽時期的宫廷政争及社會民俗等史實，可補正史之所缺，被清代吴若準譽爲『拓跋之别史』；且該書文筆穠麗秀逸，整飭與散行兼美，具有濃鬱的文學色彩。因此它既是一部杰出的地理方志，又是一部文史俱佳的著作。

據唐代劉知幾《史通·補注篇》所言，《洛陽伽藍記》本有正文、子注之分，這是中古撰書的一種體例。撰書者爲了叙事簡要不煩，又能保存較爲豐富的史料，就在正文之外，自己又加上子注，正文簡約，用大字鈔寫，子注該詳，用小字鈔於正文之後，如子從母，謂曰子注；二者主次分明，條貫部分，相輔相成，始成完璧。但現今傳世的本子正文與子注混淆，一概連寫，已不再分列正文和子注。近代以來，吴若準、唐晏、徐高阮、周祖謨、楊勇等學者均致力於恢復《洛陽伽藍記》的原貌，但由於各自所釐定的條例和依據不同，區分正文、子注的面貌也各有差异。陳寅恪認爲《洛陽伽藍記》這種寫作體例，實源於六朝時期的『合本子注』體佛典，此説已爲多數學者所采納。

《洛陽伽藍記》在歷代正史『經籍志』『藝文志』中皆有著録，但明代以前的版本早已佚失。明代以來的刻本甚多，有明刻本和清刻本。明刻本主要有三種：一、明嘉靖如隱堂本；二、明萬曆吴琯刻《古今逸史》本； 三、明崇禎毛晋刻《津逮秘書》本。清刻本則主要有以下六種： 一、清乾隆五十六年（一七九一）王謨輯校的《增訂漢魏叢書》本； 二、徐鯨卿本，不題刻書年月，觀其字體及款式大概在清朝初期； 三、清嘉慶十年張海鵬照曠閣所刻《學津討源》本； 四、清嘉慶十六年（一八一一）璜川吴氏真意堂活字本； 五、清道光十四年（一八三四）吴若準刻集證本； 六、清光緒二十九年（一九〇三）李葆恂説劍齋重刊集證本。綜之，在以上諸種刻本中，以如隱堂本和《古今逸史》本最古，二者可稱後世一切刻本之祖本。後來傳刻《洛陽伽藍記》者，皆源於如隱堂本和《古今逸史》本二大系列。《古今逸史》本爲明萬曆間所刻，晚於如隱堂本，觀其内容，與如隱堂本來源不同，文字有异，而多與《永樂大典》所引相同，是如隱堂本之外的另一較古刻本，多爲後世校勘家所參證，但其中訛誤頗多。

如隱堂本是現存最古《洛陽伽藍記》刻本，是公認諸刻本中之最善者，在衆多刻本中占有極爲重要的地位。據趙萬里考證，如隱堂本爲長洲人陸采所刻。陸采是明嘉靖進士陸粲之弟，馮桂芬《同治蘇州府志》卷八十六《陸粲傳》附有陸采小傳，言陸采從婦翁都穆學古文詞，於文喜六代。陸采著有《天池山人小稿五種》五卷，其《壬辰稿》卷末有『如隱草堂』四字。如隱堂本現今常見者，有一九一五年董康誦芬室影印本及一九三五年《四部叢刊三編》影印本，該影印本卷二缺第四、九、十八三葉，董康稱此三葉用璜川吴氏真意堂本補入，但周祖謨通過校勘，發現并非全據真意堂本補入，也有與《津逮秘書》本相同者。清代毛扆云：『世傳如隱堂本，内多缺字。第二卷中脱三紙，好事者傳寫補入，人各不同。』毛氏所記如隱堂本正與董氏和《四部叢刊三編》影印本相合。至於如隱堂本原刻本，已殊不易見到，《中國古籍善本書目》著録僅國家圖書館和北京大學圖書館兩家有藏。北京大學圖書館所藏爲李木齋舊藏本。李木齋，即李盛鐸（一八五八—一九三七），江西德化（今九江）人，號木齋，晚號麟嘉居士，清光緒十五年（一八八九）進士，清代著名藏書家。李氏所藏如隱堂原刻本，無清代人藏書印記，亦缺此三葉，所補鈔内容與董氏本完全相同。清毛斧季傳本、李木齋藏本與董氏及《四部叢刊三編》影印本疑爲同一遞藏的如隱堂本。

國家圖書館所藏是與上述董氏本等不同的另一流傳下來的如隱堂本，該本經明文徵明、清吴卓信、瞿鏞、蘇榛等人遞藏。書中鈐『玉殸山房』朱文、『臣卓信印』白文、『項儒』朱文、『鐵琴銅劍樓』白文、『蘇榛曾觀』白文諸藏書印。『臣卓信』，即吴卓信（一七五五—一八二三），江蘇昭文（今常熟）人，清學者、藏書家。字項儒，號立峰，晚號寒知老人，諸生。有藏書處曰『澹成居』。據吴卓信手校本《洛陽伽藍記》跋云：『予家舊藏此書，係明如隱堂刊本，前有「玉殸山房」收藏印，蓋文待詔故物也。』文待詔，即文徵明，玉殸山房即是他卸待詔之職回蘇州後所築書齋，文嘉《先君行略》中説：『到家，築室於舍東，名玉殸山房，樹兩桐於庭，日徘徊嘯咏其中，人望之若神仙焉。』『鐵琴銅劍樓』，清著名藏書世家瞿紹基、瞿鏞父子藏書樓名。蘇榛，生平不詳，著有《小有山房詩鈔》二卷（清咸豐四年刻本）。清瞿鏞《鐵琴銅劍樓藏書目録》卷十一『史部地理類』説：『《洛陽伽藍記》五卷，明刊本。題魏撫軍府司馬楊衒之撰，有自序。此如隱堂刻本，較緑君亭本爲佳，舊爲吴項儒丈藏書。内第一卷第二卷并有缺葉，以顧澗蘋校本鈔補。卷首有「吴卓信印」「項儒」二朱記。』其所缺部分據顧廣圻（字千里，號澗蘋）校本補入，并與真意堂本相校勘，每葉葉眉用朱、黑兩色筆批校，黑筆批注有『如隱堂原本脱此頁，今據顧千里校本補』『原刻本脱此頁，今據顧校本補』『此土字已見上文，當從毛刻本删』等，朱筆分别注明顧氏校本與真意堂本不同處，所補部分校勘比董氏本更爲精良。今國家圖書館出版社將其影印出版，使學界得以重見如隱堂本的原貌，彌足珍貴，允爲嘉惠學林的一件幸事。

王建國

二〇一九年三月

目録

據國家圖書館藏明嘉靖如隱堂刻本影印原書版框高十七點五厘米寬十二點八厘米

洛陽伽藍記序

魏撫軍府司馬楊衒之撰

三墳五典之說九流百代之言並理在人區而
義兼天外至於一乘二諦之原三明六通之旨
西域備詳東土靡記自頂日感夢滿月流光陽
門飾豪眉之像夜臺圖紺髮之形爾來奔競其
風遂廣至晉永嘉唯有寺四十二所逮皇魏受
圖光宅嵩洛篤信彌繁法教愈盛王侯貴臣棄
象馬如脫屣庶士豪家捨資財若遺跡於是昭

提櫛比寶塔駢羅爭寫天上之姿競模山中之影金剎與靈臺比高廣殿共阿房等壯豈直木衣綈繡土被朱紫而已哉暨永熙多難皇輿遷鄴諸寺僧尼亦與時徙至武定五年歲在丁卯余因行役重覽洛陽城郭崩毀宮室傾覆寺觀灰燼廟塔丘墟墻被蒿艾巷羅荊棘野獸穴於荒階山鳥巢於庭樹遊兒牧豎躑躅於九逵農夫耕稼藝黍於雙闕麥秀之感非獨殷墟黍離之悲信哉周室京城表裏凡有一千餘寺今日

寥廓鍾聲罕聞恐後世無傳故撰斯記然寺數最多不可遍寫今之所錄上大伽藍其中小者取其詳世諦事因而出之先以城内爲始次及城外表列門名以遠近爲五篇余才非著述多有遺漏後之君子詳其闕焉

大和十七年後魏高祖遷都洛陽詔司空公穆亮營造宫室洛陽城門依魏晉舊名

東面有三門北頭第一門曰建春門漢曰上東門阮籍詩曰步出上東門是也魏晉曰建春

門高祖因而不改次南曰東陽門漢曰東中門魏晉曰東陽門高祖因而不改次南曰青陽門漢曰望京門魏晉曰清明門高祖改爲青陽門

南面有三門東頭第一曰開陽門初漢光武遷都洛陽作此門始成而未有名忽夜中有柱自來在樓上後瑯琊郡開陽縣言南門一柱飛去使來視之則是也遂以開陽爲名自魏及晉因而不改高祖亦然次西曰平昌門漢

曰平門魏晉曰平昌門高祖因而不改次西
曰宣陽門漢曰津門魏晉曰津陽門高祖因
而不改
西面有四門南頭第一門曰西明門漢曰廣陽
門魏晉因而不改高祖改爲西明門次北曰
西陽門漢曰雍門魏晉曰西明門高祖改爲
西陽門次北曰閶闔門漢曰上西門有銅璇
璣玉衡以齊七政魏晉曰閶闔門高祖因而
不改次北曰承明門承明者高祖所立當金

墉城前東西大道遷京之始宮闕未就高祖住在金墉城城西有王南寺高祖數詣寺沙門論議故通此門而未有名世人謂之新門時王公卿士常迎駕於新門高祖謂御史中尉李彪曰曹植詩云謁帝承明廬此門宜以承明爲稱遂名之

北面有二門西頭曰大夏門漢曰夏門魏晉曰大夏門嘗造三層樓去地二十丈洛陽城門樓皆兩重去地百尺惟大夏門甍棟干雲東

頭曰廣莫門漢曰穀門魏晉曰廣莫門高祖因而不改廣莫門以西至於大夏門宮觀相連被諸城上也

一門有三道所謂九軌

洛陽城內伽藍記卷第一

魏撫軍府司馬楊衒之撰

永寧寺熙平元年靈太后胡氏所立也在宮前閶闔門南一里御道西其寺東有太尉府西對永康里南界昭玄曹北鄰御史臺閶闔門前御道東有左衛府府南有司徒府司徒府南有國子學堂內有孔丘像顏淵問仁子路問政在側國子南有宗正寺寺南有太廟廟南有護軍府府南有衣冠里御道西有右衛

府府南有太尉府府南有將作曹曹南有九級府府南有太社社南有凌陰里即四朝時藏氷處也中有九層浮圖一所架木爲之舉高九十丈有刹復高十丈合去地一千尺去京師百里已遙見之初掘基至黃泉下得金像三千軀太后以爲信法之徵是以營建過度也刹上有金寶缾容二十五石寶缾下有承露金盤三十重周匝皆垂金鐸復有鐵鏁四道引刹向浮圖四角鏁上亦有金鐸鐸大

小如一石甕子浮圖有九級角角皆懸金鐸
合上下有一百二十鐸浮圖有四面面有三
戶六牕戶皆朱漆扉上有五行金釘合有五
千四百枚復有金環鋪首布殫土木之功窮
造形之巧佛事精妙不可思議繡柱金鋪駭
人心目至於高風永夜寶鐸和鳴鏗鏘之聲
聞及十餘里浮圖北有佛殿一所形如太極
殿中有丈八金像一軀中長金像十軀繡珠
像三軀織成五軀作功奇巧冠於當世僧房

樓觀一千餘間雕梁粉壁青繅綺疏難得而
言栝栢松椿扶疎拂簷藂竹香草布護堦墀
是以常景碑云須彌寶殿兜率淨宮莫尚於
斯也外國所獻經像皆在此寺寺院墻皆施
短椽以瓦覆之若今宮墻也四面各開一門
南門樓三重通三道去地二十丈形製似今
端門圖以雲氣畫彩仙靈綺　青繅　赫麗
華拱門有四力士四獅子飾以金銀加之珠
玉裝嚴煥炳世所未聞東西兩門亦皆如之

所可異者唯樓二重北門一道不施屋似烏
頭門四門外樹以青槐亘以綠水京邑行人
多庇其下路斷飛塵不由奔雲之潤清風送
涼豈籍合歡之發詔中書舍人常景爲寺碑
文景字永昌河內人也敏學博通知名海內
大和十九年爲高祖所器拔爲律學博士刑
法疑獄多訪於景正始初詔刋律令永作通
式勑景共治書侍御史高僧裕羽林監王元
龜尚書郎祖瑩員外散騎侍郎李琰之等撰

集其事又詔太師彭城王勰青州刺史劉芳
入預其議景討正科條商摧古今甚有倫序
見行於世今律二十篇是也又共芳造洛陽
宮殿門閣之名經途里邑之號出除長安令
時人比之潘岳其後歷位中書舍人黃門侍
郎祕書監幽州刺史儀同三司學徒以爲榮
焉景入參近侍出爲侯牧居室貧儉事等農
家唯有經史盈車滿架所著文集數百餘篇
給事封暐伯作序行於世裝飾畢功明帝與

太后共登之視宮內如掌中臨京師若家庭
以其目見宮中禁人不聽升衛之嘗與河南
尹胡孝世共登之下臨雲雨信哉不虛時有
西域沙門菩提達摩者波斯國胡人也起自
荒裔來遊中土見金盤炫日光照雲表寶鐸
含風響出天外歌詠讚歎實是神功自云年
一百五十歲歷涉諸國靡不周遍而此寺精
麗閻浮所無也極物境界亦未有此口唱南
無合掌連日至孝昌二年中大風發屋拔樹

剎上寶瓶隨風而落入地丈餘復命工匠更
鑄新瓶建義元年太原王尒朱榮總士馬於
此寺榮字天寶北地秀容人也世爲第一領
民酋長博陵郡公部落八千餘家有馬數萬
匹富等天府武泰元年二月中帝崩無子立
臨洮王世子釗以紹大業年三歲太后貪秉
朝政故以立之榮謂并州刺史元天穆曰皇
帝晏駕春秋十九海内士庶猶曰幼君況今
奉未言之兒以臨天下而望昇平其可得乎

吾世荷國恩不能坐看成敗今欲以鐵馬五千赴哀山陵兼問侍臣帝崩之由君竟謂如何穆曰明公世世跨并肆雄才傑出部落之民控弦一萬若能行廢立之事伊霍復見今日榮即共穆結異姓兄弟穆年大榮兄事之榮爲盟主穆亦拜榮於是密議長君諸王之中不知誰應當璧遂於晉陽人各鑄像不成唯長樂王子攸像光相具足端嚴特妙是以榮意在長樂遣蒼頭王豐入洛詢以爲主長樂

卽許之共尅期契榮三軍皓素揚旌南出太
后聞榮舉兵召王公議之時胡氏專寵皇宗
怨望假八議者莫肯致言唯黃門侍郎徐統
曰尒朱榮馬邑小胡人才凡鄙不度德量力
長戟指闕所謂窮轍拒輪積薪候燎今宿衛
文武足得一戰但守河橋觀其意趣榮懸軍
千里兵老師弊以逸待勞破之必矣后然統
言卽遣都督李神軌鄭季明等領衆五千鎭
河橋四月十一日榮過河內至高頭驛長樂

王從雷陂北渡赴榮軍所神軌季明等見長
樂王往遂開門降十二日榮軍於芒山之北
河陰之野十三日召百官赴駕至者盡誅之
王公卿士及諸朝臣死者三千餘人十四日
車駕入城大赦天下改號爲建義元年是爲
莊帝于時新經大兵人物殲盡流迸之徒驚
駭未出莊帝肇升太極解網垂仁唯散騎常
侍山偉一人拜恩南闕加榮使持節中外諸
軍事大將軍開府北道大行臺都督十州諸

軍事大將軍領左右太原王其天穆爲侍中太尉公世襲并州刺史上黨王起家爲公卿牧守者不可勝數二十日洛中草草猶自不安死生相怨人懷異慮貴室豪家并宅競竄貧夫賤士襁負爭逃於是出詔濫死者普加褒贈三品以上贈三公五品以上贈令僕七品以上贈州牧白民贈郡鎮於是稍安帝納榮女爲皇后進榮爲柱國大將軍錄尚書事餘官如故進天穆爲大將軍餘官皆如故永

安二年五月北海王元顥復入洛在此寺聚
兵顥莊帝從兄也孝昌末鎮汲郡聞尒朱榮
入洛陽遂南奔蕭衍是年入洛莊帝北巡顥
登皇帝位改年曰建武元年顥與莊帝書曰
大道既隱天下匪公禍福不追與能義絕朕
猶庶幾五帝無取六軍正以糠粃萬乘錙銖
大寶非貪皇帝之尊豈圖六合之富直以尒
朱榮往歲入洛順而勤王終爲魏賊逆刃加
於君親鋒鏑肆於卿士元氏少長殆欲無遺

已有陳恒盜齊之心非無六卿分晉之計但以四海橫流欲篡未可暫樹君臣假相拜置害卿兄弟獨夫介立遑養待時臣節詎久朕覩此心寒遠投江表泣請梁朝誓在復恥風行建業霆赴三川正欲問罪於尒朱出卿於桎梏恤深怨於骨肉解蒼生於倒懸謂卿明眸擊節躬來見我共叙哀辛同討兇羯不意駕入城皐便爾北渡雖迫於兇手勢不自由或生素懷棄劍猜我聞之永歎撫衿而失

何者朕之於卿兄弟非遠連枝分葉興滅相
依假有內鬩外猶禦侮況我與卿睦厚偏篤
其於急難凡今莫如棄親即讎義將焉據也
且尒朱榮不臣之跡暴於旁午謀魏社稷愚
智同見卿乃明白疑於必然託命豺狼委身
虎口棄親助賊兄弟尋戈假獲民地本是榮
物若克城邑絕非卿有徒危宗國以廣寇仇
快賊莽之心假卞莊之利有識之士咸爲慙
之今家國隆替在卿與我若天道助順誓玆

義舉則皇魏宗社與運無窮儻天不厭亂胡羯未殄鵶鳴狼噬薦食河北在榮爲福於卿爲禍豈伊異人又書道意卿宜三復兼利是圖富貴可保徇人非慮終不食言自相魚肉善擇元吉勿貽後悔此黄門郎祖瑩之詞也時帝在長子城太原王上黨王來赴急六月帝圍河内太守元桃湯車騎將軍宗正珍孫等爲顥守攻之弗克時暑炎赫將士疲勞太原王欲使帝幸晉陽至秋更舉大義未決召

劉助筮之助曰必克於是至明盡力攻之如
其言桃湯珍孫並斬首以殉三軍顥聞河內
不守親率百僚出鎮河橋特遷侍中安豐王
延明往守硤石七月帝至河陽與顥隔河相
望太原王命車騎將軍爾朱兆潛師渡河破
延明於硤石顥聞延明敗亦散走所將江淮
子弟五千人莫不解甲相泣握手成列顥與
數千騎欲奔蕭衍至長社爲社民斬其首傳
送京師二十日帝還洛陽進太原王天柱大

將軍餘官亦如故進上黨王太宰餘官亦如
故永安三年逆賊尒朱兆囚莊帝於寺時太
原王位極心驕功高意侈與奪臧否肆意帝
恐謂左右曰朕寧作高貴鄉公死不作漢獻
帝生九月二十五日詐言産太子榮穆並入
朝莊帝手刃榮於光明殿穆爲伏兵魯暹所
煞榮世子部落大人亦死焉榮下車騎將軍
尒朱陽都等二十人隨入東華門亦爲伏兵
所煞唯右僕射尒朱世隆素在家聞榮死總

榮部曲燒西陽門奔河橋至十月一日隆與
妻鄉郡長公主至芒山馮王寺爲榮追福齋
即遣尒朱侯討伐尒朱那律歸等領胡騎一
千皆白服來至郭下索太原王尸喪帝升大
夏門望之遣主書牛法尚謂歸等曰太原王
立功不終陰圖釁逆王法無親巳依正刑罪
止榮身餘皆不問卿等何爲不降官爵如故
歸曰臣從太原王來朝陛下何忽今日枉致
無理臣欲還晉陽不忍空去願得太原王尸

喪生死無恨發言雨淚哀不自勝羣胡慟哭
聲振京師帝聞之亦爲傷懷遣待中朱元龍
齎鐵券與世隆待之不死官位如故世隆謂
元龍曰太原王功格天地造濟生民赤心奉
國神明所知長樂不顧信誓枉害忠良今日
兩行鐵字何足可信吾爲太原王報仇終不
歸降元龍見世隆呼帝爲長樂知其不款且
以言帝帝卽出庫物置城西門外募敢死之
士以討世隆一日卽得萬人與歸等戰於郭

外兇勢不摧歸等屢涉戎場便擊刺京師士
衆未習軍旅雖皆義勇力不從心三日頻戰
而游魂不息帝更募人斷河橋有漢中人李
苗爲水軍從上流放火燒橋世隆見橋被焚
遂大剽生民北上太行帝遣侍中源子恭黄
門郎楊寬領步騎三萬鎮河内世隆至高都
立太原太守長廣王曄爲主改號曰建[redacted]元
年尒朱氏自封王者八人長廣王[redacted]晉陽遣
潁川王尒朱兆舉兵向京師子恭軍失利兆自

雷波涉渡擒莊帝於式乾殿帝初以黃河奔急未謂兆得濟不意兆不由舟楫憑流而渡是日水淺不沒馬腹故及此難書契所記未之有也衒之曰昔光武受命氷橋宜於滹水昭烈中起的盧踊於泥溝皆理合於天神祇所福故能功濟宇宙大庇生民若兆者蜂目豺聲行窮梟獍阻兵安忍賊害君親皇靈有知鑒其凶德反使孟津由膝賛其逆心易稱大道禍淫鬼神福謙以此驗之信爲虛說時

如隱堂原本脫此頁今據顧千里校本補

兆營軍尚書省建天子金鼓庭設漏刻嬪御妃主皆擁之於幕鏁帝於寺門樓上時十二月帝患寒隨兆乞頭巾兆不與遂囚帝送晉陽縊於三級寺帝臨崩禮佛願不爲國王又作五言曰權去生道促憂來死路長懷恨出國門含悲入鬼鄉隧門一時閉幽庭豈復光思鳥吟青松哀風吹白楊昔來聞死苦何言身自當至太昌元年冬始迎梓宮赴京師葬帝靖陵所作五言詩即爲輓歌詞朝野聞之

莫不悲慟百姓觀者悉皆掩涕而已永熙三年二月浮圖爲火所燒帝登臨雲臺望火遣南陽王寶炬録尚書長孫稚將羽林一千救赴火所莫不悲惜垂淚而去火初從第八級中平旦一發當時雷雨晦冥雜下霰雪百姓道俗咸來觀火悲哀之聲振動京邑時有三比丘赴火而死火經三月不滅有火入地尋柱周年猶有煙氣其年五月中有人從象郡來云見浮圖於海中光明照耀儼然如新海

上之民咸皆見之俄然霧起浮圖遂隱至七
月中平陽王爲侍中斛斯椿所使奔於長安
十月而京師遷鄴
建中寺普泰元年尚書令樂平王尒朱世隆所
立也本是閹官司空劉騰宅屋宇奢侈梁棟
踰制一里之間廊廡充溢堂比宣光殿門匹
乾明門博敞弘麗諸王莫及也在西陽門内
御道北所謂延年里劉騰宅東有太僕寺寺
東有乘黃署署東有武庫署署東有魏相國司馬

文王府庫東至閶闔宮門是也西陽門內御
道■有永康里里內復有領軍將軍元乂宅
掘故井得石銘云是漢太尉荀彧宅正光年
中元乂專權太后幽隔永巷騰爲謀主乂是
江陽王繼之子太后妹婿熙平初明帝幼冲
諸王權上太后拜乂爲侍中領軍左右令總
禁兵委以腹心反得幽隔永巷六年太后哭
曰養虎自齧長虺成蛇至孝昌二年太后反
政遂誅乂等沒騰田宅元乂誅日騰已物故

太后追思騰罪發墓殘尸使其神靈無所歸
趣以宅賜高陽王雍建義元年尚書令樂平
王尒朱世隆爲榮追福題以爲寺朱門黃閣
所謂僊居也以前廳爲佛殿後堂爲講室金
花寶蓋遍滿其中有一涼風堂本騰避暑之
處淒涼常冷經夏無蠅有萬年千歲之樹也
長秋寺劉騰所立也騰初爲長秋令卿因以爲
名在西陽門內御道北一里亦在延年里即
是晉中朝時金市處寺北有濛汜池夏則有

水冬則竭矣中有三層浮圖一所金盤靈刹
曜諸城内作六牙白象負釋迦在虚空中莊
嚴佛事悉用金玉工作之異難可具陳四月
四日此像常出辟邪師子導引其前吞刀吐
火騰驤一面綵幢上索詭譎不常奇伎異服
冠於都市像停之處觀者如堵迭相踐躍常
有死人
瑶光寺世宗宣武皇帝所立在閶闔城門御道
北東去千秋門二里千秋門内道北有西游

園園中有凌雲臺卽是魏文帝所築者臺上
有八角井高祖於井北造涼風觀登之遠望
目極洛川臺下有碧海曲池臺東有宣慈觀
去地十丈觀東有靈芝釣臺累木爲之出於
海中去地二十丈風生戶牖雲起梁棟丹楹
刻桷圖寫列僊刻石爲鯨魚背負釣臺既如
從地踊出又似空中飛下釣臺南有宣光殿
北有嘉福殿西有九龍殿殿前九龍吐水成
一海凡四殿皆有飛閣向靈芝往來三伏之

月皇帝在靈芝臺以避暑有五層浮圖一所去地五十丈僊掌凌虛鐸垂雲表作工之妙埒美永寧講殿尼房五百餘間綺疏連亘戶牖相通珍木香草不可勝言牛筋狗骨之木雞頭鴨脚之草亦悉備焉椒房嬪御學道之所掖庭美人並在其中亦有名族處女性愛道場落髮辭親來儀此寺屏珍麗之飾服修道之衣投心入正歸誠一乘永安三年中尒朱兆入洛陽縱兵大掠時有秀容胡騎數十

入瑤光寺婬穢自此後頗獲譏訕京師語曰
洛陽男兒急作髻瑤光寺尼奪作婿瑤光寺
北有承明門有金墉城即魏氏所築城東北
角有魏文帝百尺樓年雖久遠形製如初高
祖在城內作光極殿因名金墉城門爲光極
門又作重樓飛閣遍城上下從地望之有如
雲也

景樂寺太傅清河文獻王懌所立也懌是孝文
皇帝之子宣武皇帝之弟閶闔南御道西望

永寧寺正相當寺西有司徒府東有大將軍高肇宅北連義井里井里北門外有桑樹數株枝條繁茂下有甘井一所石槽鐵罐供給行人飲水庇陰多有憩者有佛殿一所像輦在焉雕刻巧妙冠絕一時堂廡周環曲房連接輕條拂戶花藥被庭至於大齋常設女樂歌聲繞梁舞袖徐轉絲管寥亮諧妙入神以是尼寺丈夫不得入得往觀者以爲至天堂及文獻王薨寺禁稍寬百姓出入無復限礙

後汝南王悅復脩之悅是文獻之弟召諸音
樂逞伎寺內奇禽怪獸舞抃殿庭飛空幻惑
世所未覩異端奇術總萃其中剥驢投井植
棗種瓜須臾之間皆得食士女觀者目亂睛
迷自建義已後京師頻有大兵此戲遂隱也
昭儀尼寺閹官等所立也在東陽門內一里御
道南東陽門內道北太倉導官二署東南
治粟里倉司官屬住其內太后臨朝閽寺專
寵宦者之家積金滿堂是以蕭忻云高軒斗

升者閹官之釐婦胡馬鳴呵者莫不黃門之養息也忻陽平人也愛尚文籍少有名譽見闒寺寵盛遂發此言因即知名爲治書侍御史寺有一佛二菩薩塑工精絕京師所無也四月七日常出詣景明景明三像恒出迎之伎樂之盛與劉騰相比堂前有酒樹麵木昭儀寺有池京師學徒謂之翟泉也衒之按杜預注春秋云翟泉在晉太倉西南按晉太倉在建春門內今太倉在東陽門內此地今在

太倉西南明非翟泉也後隱士趙逸云此地是晉侍中石崇家池池南有綠珠樓於是學徒始寤經過者想見綠珠之容也池西南有願會寺中書舍人王翊捨宅所立也佛堂前生桑樹一株直上五尺枝條横遶柯葉傍布形如羽蓋復高五尺又然凡爲五重每重葉椹各異京師道俗謂之神桑觀者成市施者甚衆帝聞而惡之以爲惑衆命給事中黄門侍郎元紀伐殺之其日雲霧晦冥下斧之處

血流至地見者莫不悲泣寺南有宜壽里內
有苞信縣令段暉宅地下常聞鐘聲時見五
色光明照於堂宇暉其異之遂掘光所得金
像一軀可高三尺有二菩薩趺上銘云晉太
始二年五月十五日侍中中書監荀勗造暉遂
捨宅爲光明寺時人咸云此荀勗舊宅其後
盜者欲竊此像像與菩薩合聲喝賊盜者驚
怖應即殞倒衆僧聞像叫聲遂來捉得賊
胡統寺太后從姑所立也入道爲尼遂居此寺

在永寧南一里許寶塔五重金刹高聳洞房周匝對戶交疏朱柱素壁甚爲佳麗其寺諸尼帝城名德善於開導工談義理常入宮與
太后說法其資養緇流徒無比也

修梵寺在清陽門內御道北嵩明寺復在修梵寺西並雕墻峻宇比屋連甍亦是名寺也修梵寺有金剛鳩鴿不入鳥雀不棲菩提達磨云得其真相也寺北有永和里漢太師董卓之宅也里南北皆有池卓之所造今猶有水

冬夏不竭里中太傅錄尚書長孫稚尚書右僕射郭祚吏部尚書邢鸞廷尉卿元洪超衛尉卿許伯桃梁州刺史尉成興等六宅皆高門華屋齋館敞麗楸槐蔭途桐楊夾植當世名爲貴里掘此地者輙得金玉寶玩之物邢鸞家常掘丹砂及錢數十萬銘云董太師之物後卓夜中隨鸞索此物鸞不與之經年鸞遂卒矣

景林寺在開陽門內御道東講殿疊起房廡連

屬丹檻炫日繡桷迎風實爲勝地寺西有園
多饒奇果春鳥秋蟬鳴聲相續中有禪房一
所內置祇洹精舍形製雖小巧構難加　禪
閣虛靜隱室凝邃嘉樹夾牖芳杜匝堦雖云
朝市想同巖谷靜行之僧繩坐其內飡風服
道結跏數息有石銘一所國子博士盧白頭
爲其文白頭一字景裕范陽人也性愛恬靜
丘園放敖學極六經說通百氏普泰初起家
爲國子博士雖在朱門以注述爲事注周易

行之於世也

建春門內御道南有勾盾典農籍田三署籍田

南有司農寺御道北有空地擬作東宮晉中

朝時太倉處也太倉南有翟泉周迴三里即

春秋所謂王子虎晉狐偃盟於翟泉也水猶

澄清洞底明靜鱗甲潛藏辨其魚鼈高祖於

泉北置河南尹中朝時步廣里也泉西有華

林園高祖以泉在園東因名蒼龍海華林園

中有大海即漢天淵池池中猶有文帝九華

臺高祖於臺上造清涼殿世宗在海內作蓬萊山山上有僊人館上有釣臺殿並作虹蜺閣乘虛來往至於三月禊日季秋巳辰皇帝駕龍舟鷁首遊於其上海西有藏冰室六月出氷以給百官海西南有景山殿山東有羲和嶺嶺上有溫風室山西有姮娥峯峯上有露寒館並飛閣相通凌山跨谷山北有玄武池山南有清暑殿殿東有臨澗亭殿西有臨危臺景陽山南有百果園果列作林林各有

堂有僊人棗長五寸把之兩頭俱出核細如
鍼霜降乃熟食之甚美俗傳云出崑崙山一
曰西王母棗又有僊人桃其色赤表裏照徹
得霜即熟亦出崑崙山一曰王母桃也柰林
南有石碑一所魏明帝所立也題云苗茨之
碑高祖於碑北作苗茨堂永安中年莊帝馬
射於華林園百官皆來讀碑疑苗字誤國子
博士李同軌曰魏明英才世稱三公祖幹宣
[redacted]其羽翼但未知本意如何不得言誤也衒

之時爲奉朝請因郎釋曰以蒿覆之故言苗茨何誤之有衆咸稱善以爲得其旨歸奈林西有都堂有流觴池堂東有扶桑海凡此諸海皆有石竇流於地下西通穀水東連陽渠亦與翟泉相連若旱魃爲害穀水注之不竭離畢滂潤陽穀泄之不盈至於鱗甲異品羽毛殊類濯波浮浪如似自然也

洛陽城內伽藍記卷第一

洛陽城東伽藍記卷第二

魏撫軍府司馬楊衒之撰

明懸尼寺彭城武宣王勰所立也在建春門外石樓南穀水周圍遶城至建春門外東入陽渠石橋橋有四柱在道南銘云漢陽嘉四年將作大匠馬憲造逮我孝昌三年大雨頹橋柱始埋没道北二柱至今猶存衒之按劉澄之山川古今記戴延之西征記並云晉太康元年造此則失之遠矣按澄之等並生在江

表未游中土假因征役暫來經過至於舊事
多非親覽聞諸道路便爲穿鑿誤我後學日
月已甚有三層塔一所未加莊嚴寺東有中
朝時常滿倉高祖令爲租塲天下貢賦所聚
蓄也

龍華寺宿衛羽林虎賁等所立也在建春門外
陽渠南寺南有租塲陽渠北有建陽里里有
土臺高三丈上作二精舍趙逸云此臺是中
朝旗亭也上有二層樓懸鼓擊之以罷市有

鍾一口撞之聞五十里太后以鍾聲遠聞遂
移在宮内置凝閒堂前講内典沙門打爲時
節初蕭衍子豫章王綜來降聞此鍾聲以爲
奇異遂造聽歌三首行傳於世綜字世　僞
齊昏王寶卷遺腹子也寶卷臨政婬亂吳人
苦之雍州刺史蕭衍立南康王寶融爲主舉
兵向秣陵事既克捷遂殺寶融而自立寶卷
有美人吳景暉時孕綜經月衍因幸景暉及
綜生認爲已子小名緣覺封豫章王綜形貌

舉止甚似昏主其母告之令自方便綜遂歸
我聖闕更改名曰讃字世務始爲寳卷追服
三年喪明帝拜綜太尉公封丹陽王永安年
中尚莊帝姊壽陽公主字莒犂公主容色美
麗綜甚敬之與公主語常自稱下官授徐州
刺史加開府及京師傾覆綜弃州北走時尒
朱世隆專權遣取公主至洛陽世隆逼之公
主駡曰胡狗敢辱天王女乎世隆怒之遂縊
殺之

瓔珞寺在建春門外御道北所謂建陽里也即中朝時白社池董威輦所居處里內有瓔珞慈善暉和通覺暉玄宗聖魏昌熈平崇眞因果等十寺里內士庶二千餘戶信崇三寶衆僧刹養百姓所供也

宗聖寺有像一軀舉高三丈八尺端嚴殊特相好畢備士庶瞻仰目不暫瞬此像一出市井皆空炎光騰輝赫赫獨絕世表妙伎雜樂亞於劉騰城東士女多來此寺觀看也

崇眞寺比丘惠凝死一七日還活經閻羅王檢閱以錯名放免惠凝具說過去之時有五比丘同閱一比丘云是寶明寺智聖坐禪苦行得升天堂有一比丘是般若寺道品以誦四涅槃亦升天堂有一比丘云是融覺寺曇謨最講涅槃華嚴領衆千人閻羅王云講經者心懷彼我以驕凌物比丘中第一麄行今唯試坐禪誦經不問講經其曇謨最曰貧道立身以來唯好講經實不闇誦閻羅王勑付司

如隱堂原本脫此頁今據顧千里校本補

真意堂本丘作邱

真意堂本像作象

即有青衣十人送曇謨最向西北門屋舍皆
異似非好處有一比丘云是禪林寺道弘自
云教化四輩檀越造一切經人中像十軀閻
羅王曰沙門之體必須攝心守道志在禪誦
不干世事不作有爲雖造作經像正欲得他
人財物既得他物貪心即起既懷貪心便是
三毒不除具足煩惱亦付司仍與曇謨最同
入黑門有一比丘云是靈覺寺寶明自云出
家之前嘗作隴西太守造靈覺寺成即棄官

入道雖不禪誦禮拜不缺閻羅王曰卿作太守之日曲理枉法刼奪民財假作此寺非卿之力何勞說此亦付司青衣送入黑門太后聞之遣黃門侍郎徐紇依惠凝所說即訪寶明寺城東有寶明寺城内有般若寺城西有融覺寺禪林靈覺等三寺問智聖道品曇謨最道弘寶明等皆實有之議曰人死有罪福即請坐禪僧一百人常在殿内供養之詔不聽持經像沿路乞索若私有財物造經像者

任意疑亦入白鹿山居隱脩道自此以後京邑比丘悉皆禪誦不復以講經爲意出建春南門外一里餘至東石橋南北而行晉太康元年造橋南有魏朝時馬市刑嵇康之所也橋北大道西有建陽里大道東有綏民里里内有河間劉宣明宅神龜年中以直諫忤旨斬於都市訖目不瞑尸行百步時人談以枉死宣明少有名譽精通經史危行及於誅死

魏昌尼寺閹官瀛州刺史李次壽所立也在里

東南角即中朝牛馬市處也刑嵇康之所東
臨石橋此橋南北行晉太康元年中朝時市
南橋也澄之等蓋見北橋銘因而以橋爲太
康初造也
石橋南道有景興尼寺亦閹官等所共立也有
金像輦去地三尺施寶蓋四面垂金鈴七寶
珠飛天伎樂望之雲表作工甚精難可揚推
像出之日常詔羽林一百人舉此像絲竹雜
伎皆由旨給

建陽里東有綏民里里内有洛陽縣臨渠水縣門外有洛陽令楊機清德碑綏民里東崇義里里内有京兆人杜子休宅地形顯敞門臨御道時有隱士趙逸云是晉武時人晉朝舊事多所記録正光初來至京師見子休宅歎息曰此宅中朝時太康寺也時人未信遂問寺之由緒逸云龍驤將軍王濬平吳之後始立此寺本有三層浮圖用塼爲之指子休園中曰此是故處子休掘而驗之果得塼數十萬

兼有石銘云晉太康六年歲次乙巳九月甲
戌朔八日辛巳儀同三司襄陽侯王濬敬造
時園中果菜豐蔚林木扶疎乃服逸言號爲
聖人子休遂捨宅爲靈應寺所得之磚還爲
三層浮圖好事者尋逐之問晉朝京師何如
今日逸曰晉時民少於今日王侯第宅與今
日相似又云自永嘉已來二百餘年建國稱
王者十有六君皆遊其都邑目見其事國滅
之後觀其史書皆非實録莫不推過於人引

善自向符生雖好勇嗜酒亦仁而不煞觀其
治典未爲凶暴及詳其史天下之惡皆歸焉
符堅自是賢主賊君取位妄書生惡凡諸史
官皆是類也人皆貴遠賤近以爲信然當今
之人亦生愚死智惑已甚矣人問其故逸曰
生時中庸之人耳及其死也碑文墓志莫不窮
天地之大德盡生民之能事爲君共堯舜連
衡爲臣與伊皐等跡牧民之官浮虎慕其清
塵執法之吏埋輪謝其梗直所謂生爲盜跖

死爲夷齊妄言傷正華辭損實當時構文之士慙逸此言步兵校尉李澄問曰太尉府前塼浮圖形製甚古猶未崩毀未知早晚造逸云晉義熙十二年劉裕伐姚泓軍人所作汝南王聞而異之拜爲義父因而問何所服餌以致長年逸云吾不閑養生自然長壽郭璞常爲吾筮云壽年五百歲今始餘半帝給步挽車一乘遊於市里所經之處多記舊跡三年以後遁去莫知所在崇儀里東有七里橋

以石爲之中朝杜預之荆州出頓之所也七
里橋東一里郭門開三道時人號爲三門離
别者多云相送三門外京師士子送去迎歸
常在此處
莊嚴寺在東陽門外一里御道北所謂東安里
也北爲租塲里内有駙馬都尉司馬悦濟州
刺史分宣幽州刺史李眞奴豫州刺史公孫
驤等四宅
秦太上君寺胡太后所立也在東陽門二里御

道北所謂暉文里里内有太保崔光太傅李延寔冀州刺史李韶秘書監鄭道昭等四宅並豐堂崛起高門洞開趙逸云暉文里是晉馬道里延寔宅是蜀主劉禪宅延寔宅東有脩和宅是吴王孫皓宅李韶宅是晉司空張華宅當時太后正號崇訓母天下號父為秦太上公母為秦太上君為母追福因以名焉中有五層浮圖一所脩刹入雲高門向街佛事莊飾等於永寧誦室禪堂周流重疊花林

真意本作草

原刻本脱此頁今據顧校本補

此十一字已見上文當從毛刻本刪

真意堂本亦無此十一字

註占半行

芳卉遍滿堦墀常有大德名僧講一切經受
業沙門亦有千數趙逸云暉文里是晉馬道
里太傅李延實者莊帝舅也永安中除青州
刺史臨去奉辭帝謂實曰懷甎之俗世號難
治舅宜好用心副朝廷所委實答曰臣年迫
桑榆氣同朝露人間稍遠日近松丘臣已久
乞閒退陛下渭陽興念寵及老臣使夜行罪
人裁錦萬里謹奉明敕不敢失墜時黃門侍
郎楊寬在帝側不曉懷甎之義私問舍人溫

音專下同

子昇曰聞至尊兄彭城王作青州刺史問其
賓客從至青州云齊土之民風俗淺薄虚論
高談專在榮利太守初欲入境皆懷甎叩首
以美其意及其代下還家以甎擊之言其向
背速於反掌是以京師謡語曰獄中無繫囚舍
内無青州假令家道惡腹中不懷愁懷甎之義
起於此也潁川荀濟風流名士高鑒妙識獨出
當世清河崔叔仁稱齊士大夫曰齊人外矯仁
義内懷鄙吝輕同羽毛利等錐刀好馳虚譽阿

附成名威勢所在側肩競入求其榮利甜然濃於四方慕勢最甚號齊士子爲慕勢諸郎臨淄官徒有在京邑聞懷慱慕勢咸共恥之唯崔孝忠一人不以爲意問其故孝忠曰營丘風俗太公餘化稷下儒林禮義所出今雖凌遲足爲天下模楷苟濟人非許郭不識東家雖復莠言自口未宜榮辱也

正始寺百官等所立也正始中立因以爲名在東陽門外御道西所謂敬義里也里內有典

虞曹詹字精淨美於叢林衆僧房前高林對
牖青松綠檉連枝交映多有枳樹而不中食
有石碑一枚背上有侍中崔光施錢四十萬
陳留侯李崇施錢二十萬自餘百官各有差
少者不減五千已下後人刊之敬義里南有
昭德里里內有尚書僕射游肇御史尉李彪
兵部尚書崔林幽州刺史常景司農張倫等
五宅彪景出自儒生居室儉素惟倫最爲豪
侈齋宇光麗服翫精奇車馬出入逾於邦君

園林山池之美諸王莫及倫造景陽山有若自然其中重巖複嶺嶔崟相屬深蹊洞壑邐迤連接高林巨樹足使日月蔽虧懸葛垂蘿能令風煙出入崎嶇石路似壅而通崢嶸澗道盤紆復直是以山情野興之士游以忘歸天水人姜質志性疏誕麻衣葛巾有逸民之操見偏愛之如不能已遂造亭山賦行傳於世其辭曰今偏重者愛昔先民之重由樸由純然則純樸之體與造化而津勉濠上之客

柱下之吏卧無爲以明心託自然以圖志
輒以山水爲富不以章甫爲貴任性浮沈若
淡兮無味令司農張氏實鍾其人巨量接於
物表夭矯洞達其貞青松未勝其潔白玉不
比其珍心托空而栖有情入古以如新既不
專流蕩又不偏華上卜居動靜之間不以山
水爲忘庭起半丘半壑聽以目達心想進不
入聲榮退不爲隱放爾乃決石通泉拔嶺巖
前斜與危雲等曲危蜘曲棟相連下天津之

高霧納滄海之遠煙纖列之狀一如古崩剝
之勢似千年若乃絕嶺懸坡蹭蹬蹉跎水紆
徐如浪峭山[redacted]高下復危多五尋百拔十步
千過則知巫山弗及[redacted]蓬萊如何其中煙
花露草或傾或倒霜幹風枝半聳半垂玉葉
金莖散滿堦墀燃目之綺裂鼻之馨既共陽
春等茂復與白雪齊清或言神明之骨陰陽
之精天地未覺生此異人焉識其中羽徒紛
泊色雜蒼黃綠頭紫頰好翠連芳白鷴生於

異縣丹足出自他鄉皆遠來以臻此藉水木以翱翔不憶春於沙漠遂忘秋於高陽非斯人之感至伺候鳥之迷方豈下俗之所務入神怪之異[redacted]能造者其必詩敢往者無不賦或就饒風之地或入多雲之處氣嶺與梅岑隨春之所悟遠爲神僊所賞近爲朝士所知求解脫於服佩預參次於山垂子英游魚於王質王喬繫鵠於松枝方丈不足以妙詠歌此處態多奇嗣宗聞之動魄叔夜聽此驚魂

恨不能鑽地一出醉此山門別有王孫公子
遜遁容儀思山念水命駕相隨逢岑愛曲值
石陵欲爲仁智之田故能種此石山森羅
兮草木長育兮風煙孤松既能却老半石亦
可留年若不坐卧兮於其側春夏兮其遊陟
白骨兮徒自朽方寸心兮何所憶

平等寺廣平武穆王懷捨宅所立也在青陽門
外二里御道北所謂孝敬里也堂宇宏美林
木蕭森平臺複道獨顯當世寺門外金像一

軀高二丈八尺相好端嚴常有神驗國之吉
凶先炳祥異孝昌三年十二月中此像面有
悲容兩目垂淚遍體皆濕時人號曰佛汗京
師士女空市里往而觀之有比丘以淨綿拭
其淚須臾之間綿濕都盡更換以它綿俄然
復濕如此三日乃止明年四月尒朱榮入洛
陽誅戮百官死亡塗地永安二年三月此像
復汗士庶復往觀之五月北海王入洛莊帝
北巡七月北海大敗所將江淮子弟五千盡

被俘虜無一得還永安三年七月此像悲泣
如初每經神驗朝夕惶懼禁人不聽觀之至
十二月尒朱兆入洛陽擒莊帝崩於晉陽在
京宮殿空虛百日無主唯尚書令司州牧樂
平王尒朱世隆鎮京師商旅四通盜賊不作
建明二年長廣王從晉陽赴京師至郭外世
隆以長廣本枝疎遠政行無聞逼禪與廣陵
王恭是莊帝從父兄也正光中爲黄門侍郎
見元乂秉權政歸近習遂佯啞不語不預世

事永安中遁於上洛山中州刺史泉企執而送之莊帝疑恭姦詐夜遣人盜掠衣物復拔刀劒欲煞之恭張口以手指舌竟乃不言莊帝信其眞患放令歸第恭常住龍華寺至時世隆等廢長廣而立焉禪文曰皇帝咨廣陵王恭自我皇魏之有天下也累聖開輔重基衍業奄有萬邦光宅四海故道溢百王德漸無外而孝明晏駕人神[redacted]王故柱國大將軍大丞相太原王榮地實封陝任惟外相乃

心王室大懼崩淪故推立長樂王子攸以續
絕業庶九鼎之命日隆七百之祚唯永然羣
飛未寧橫流且及皆狼顧鴟張岳立基趾丞
相一麾大定海內而子攸不顧宗社讎忌勳
德招聚輕俠左右壬人遂虐甚剖心痛齊鉗
齒豈直金板告怨大鳥感德而已於是天下
之望儼然已移竊以宸極不可以曠神器豈
容無主故權從衆議暫馭兆民今六軍南邁
已次河浦瞻望帝京赧然興愧自惟薄寡本

枝踈遠豈宜仰異天情俯乖民望惟王德表
生民聲高萬古往以運屬殷憂時多　難卷
懷積載括囊有年今天眷明德民懷奥主曆
數允集歌訟同臻乃徐發樞機副玆竚屬便
敬奉璽綬歸於別邸王其寅踐咸業允執其
中雖休勿休日慎一　日敬之哉恭讓曰天命
至重曆數匪輕自非德協三才功濟四海無
以入選帝圖允當師錫臣既寡昧識無先遠
景命雖降不敢仰承乞收成旨以允恩衷又

曰王既德應圖籙僉屬攸歸便可允執其中
入光大麓不勞揮遜致爽人神凡恭讓者二
於是即皇帝位改號曰普泰黃門侍郎邢子
才爲赦文叙述莊帝枉煞太原王之狀廣陵
王曰永安手翦强臣非爲失德直以天未厭
亂逢成濟之禍謂左右將詔來朕自作之直
言門下朕以寡德運屬樂推思與億兆同兹
大慶肆眚之科一依恒式廣陵杜口八載至
是始言海内庶士咸稱聖君於是封長廣爲

東海王世隆加儀同三司尚書令樂平王餘
官如故贈太原王相國晉王加九錫立廟於
芒領首陽上舊有周公廟世隆欲以太原王
功比周公故立此廟廟成爲火所災有一柱
焚之不盡後三日雷雨震電霹靂擊爲數段
柱下石及廟瓦皆碎於山下復命百官議太
原王配饗司直劉季明議云不合世隆問其
故季明曰若配世宗於宣武無功若配孝明
親害其母若配莊帝爲臣不終爲莊帝所戮

以此論之無所配也世隆怒曰卿亦合死季明曰下官既爲議臣依禮而言不合聖心俘翦惟命議者咸歎季明不避强禦莫不歎伏焉世隆既有忿言季明終得無患初世隆北叛莊帝遣安東將軍史仵龍平北將軍楊文義各領兵三千守太行領侍中源子恭鎮河内及尒朱兆馬首南向仵龍文義等率衆先降子恭見仵龍文義等降亦望風潰散兆遂乘勝逐北直入京師兵及闕下矢流王室至

是論功作龍文義各封一千戶廣陵王曰作
龍文義於王有勳於國無功竟不許時人稱
帝剛直彭城王尒朱仲遠世隆之兄也鎮滑
臺表用其下都督　瑗爲西兖州刺史先用後
表廣陵答曰巳能近補何勞遠聞世隆侍宴
每言太原王貪天之功以爲巳力罪有合死
世隆等愕然自是巳後不敢復入朝軫專擅
國權兇慝滋甚坐持臺省家總萬機事無大
小先至隆第然後施行天子拱巳南面無所

原刻脫此頁今
據顧校本補

干預永熙元年平陽王入纂大業始造五層
塔一所平陽王武穆王少子詔中書侍郎魏
收等爲寺碑文至二年二月五日土木畢功
帝率百僚作萬僧會其日寺門外有石像無
故自動低頭復舉竟日乃止帝躬來禮拜怪
其詭異中書舍人盧景宣曰石立社移上古
有此陛下何怪也帝乃還宮七月中帝爲侍
中斛斯椿所使奔於長安至十月終而京師
遷鄴焉

真意本作冢

景寧寺太保司徒公楊椿所立也在青陽門外三里御道南所謂景寧里也高祖遷都洛邑椿創居此里遂分宅爲寺因以名之制飾甚美綺柱珠簾椿弟慎冀州刺史慎弟津司空並立性寬雅貴義輕財四世同居一門三從朝貴義居未之有也普泰中爲爾朱世隆所誅後捨宅爲建中寺出青陽門外三里御道北有孝義里里西北角有蘇秦塚塚旁有寶明寺衆僧常見秦出入此冢車馬羽儀若今

宰相也孝義里東即是洛陽小寺北有車騎
將軍張景仁宅景仁會稽山陰人也正光年
初從蕭寶夤歸化拜羽林監賜宅城南歸正
里民間號爲吳人坊南來投化者多居其内
近伊洛二水任其習御里三千餘家自立巷
寺市所賣口味多是水族時人謂爲魚鱉寺
也景仁住此以爲恥遂徙居孝義里焉時朝
廷方欲招懷荒服待吳兒甚厚褰裳渡於江
者皆居不次之位景仁無汗馬之勞高官通

顯永安二年蕭衍遣主書陳慶之送北海入洛陽僭帝位慶之爲侍中景仁在南之日與慶之有舊遂設酒引邀慶之過宅司農卿蕭彪尚書右丞張嵩並在其座彪亦是南人唯有中大夫楊元慎給事中大夫王眴是中原士族慶之因醉謂蕭張等曰魏朝甚盛猶曰五胡正朔相承當在江左秦皇玉璽今在梁朝元慎正色曰江左假息僻居一隅地多濕蟄攢育蟲蟻壃土瘴癘蛙黽共穴人鳥同羣

短髮之君無杼首之貌文身之民稟叢陋之
質浮於三江棹於五湖禮樂所不沾憲章弗
能革雖復秦餘漢罪雜以華音復閩楚難言
不可改變雖立君臣上慢下暴是以劉劭殺
父於前休龍淫母於後見逆人倫禽獸不異
加以山陰請壻賣夫朋淫於家不顧譏笑卿
沐其遺風未沾禮化所謂陽翟之民不知癭
之爲醜我魏膺籙受圖定鼎嵩洛五山爲鎮
四海爲家移風易俗之典與五常而並跡禮

樂憲章之盛淩百王而獨高豈卿魚鱉之徒慕義來朝飲我池水啄我稻粱何爲不遜以以至於此慶之等見元愼清詞雅句縱橫奔發杜口流汗合聲不言於後數日慶之遇病心上急痛訪人解治元愼自云能解慶之遂憑元愼元愼即口含水噀慶之曰吳人之鬼住居建康小作冠帽短製衣裳自呼阿儂語則阿傍菰稗爲飰茗飲作漿呷啜蓴羹唼嗍蟹黃手把荳蔻口嚼梹榔乍至中土思憶本鄉

急手速去還爾丹陽若其寒門之鬼　頭猶脩網魚漉鼈在河之洲咀嚼菱藕捃拾鷄頭蛙羹蚌臛以爲膳羞布袍芒履倒騎水牛沅湘江漢鼓棹遨遊隨波遡浪唸喁沈浮白苧起舞揚波發謳急手速去還爾楊州慶之伏枕曰楊君見辱深矣自此後吳兒更不敢解語北海尋伏誅其慶之還奔蕭衍用爲司州刺史欽重北人特異於常朱异怪復問之曰自晉宋以來號洛陽爲荒土此中謂長江以

北盡是夷狄昨至洛陽始知衣冠士族並在中原禮儀富盛人物殷阜目所不識口不能傳所謂帝京翼翼四方之則始登泰山者卑培塿涉江海者小湘沅北人安可不重愛之因此羽儀服式悉如魏法江表士庶競相模楷褒衣博帶被及秣陵元慎弘農人晉冀州刺史嶠六世孫曾祖泰從宋武入關爲上洛太守七年背僞來朝明帝賜爵臨晉侯廣武郡陳郡太守贈涼州刺史謚烈侯祖撫明經

爲中博士父辭自得丘壑不事王侯叔父許河南令蜀郡太守世以學行著聞名高州里元愼情尚卓逸少有高操仁心自放不爲時羈樂山愛水好游林澤博識文淵淸言入神造次應對莫有稱者讀老莊善言玄理性嗜酒飲至一石神不亂常慷慨嘆不得與阮籍同時生不願仕宦爲中散常辭疾退閑未常修敬諸貴亦不慶弔親知貴爲交友故時人弗識也或有人慕其高義投刺在門元愼稱

疾高卧加以意思深長善於解夢孝昌年廣
陵王元淵初除儀同三司總衆十萬討葛榮
夜夢着衮衣倚槐樹而立以爲吉徵問於元
慎曰三公之祥淵甚悅之元慎退還告人曰
廣陵死矣槐字是木傍鬼死後當得三公廣
陵果爲葛榮所煞追贈司空公終如其言建
義陽城太守薛令伯聞太原王誅百官立莊
帝弃郡東走忽夢射得雁以問元慎元慎曰
卿執羔大夫執雁君當得大夫之職俄然令

伯除爲諫議大夫京兆許超夢盜羊入獄問
於元愼曰君當得陽城令其后有功封城陽
侯元愼解夢義出方途隨意會情皆有神驗
雖令與侯小乖按令今百里即是古諸侯以
此論之亦爲妙著時人譬之周宣及尒朱兆
入洛陽即弃官與華陰隱士王騰周游上洛
山孝義里東市北殖貨里里有太常民劉胡
兄弟四人以屠爲業永安年中胡煞猪猪忽
唱乞命聲及四隣隣人謂胡兄弟相毆鬭而

來觀之乃猪也卽舍宅爲歸覺寺合家人入
道焉普泰元年此寺金像生毛眉髮悉皆具
足尚書左丞魏季景謂人曰張天錫有此事
其國遂滅此亦不祥之徵至明年而廣陵被
廢死

洛陽城東伽藍記卷第二

洛陽城南伽藍記卷第三

魏撫軍府司馬楊衒之撰

景明寺宣武皇帝所立也景明年中立因以爲名在宣陽門外一里御道東其寺東西南北方五百步前望嵩山少室却負帝城青林垂影綠水爲文形勝之地爽塏獨美山懸堂光觀盛一千餘間交疏對霤青臺紫閣浮道相通雖外有四時而内無寒暑房簷之外皆是山池竹松蘭芷垂列堦墀含風團露流香吐

馥至正光年中太后始造七層浮圖一所去
地百仞是以邢子才碑文云俯聞激電旁屬
奔星是也妝飾華麗侔於永寧金盤寶鐸煥
爛霞表寺有三池萑蒲菱藕水物生焉或黃
甲紫鱗出沒於繁藻青鳧白雁浮沈於綠水
礲磑舂簸皆用水功伽藍之妙最得稱首時
世好崇福四月七日京師諸像皆來此寺尚
書祠曹錄像凡有一千餘軀至八月節以次
入宣陽門向閶闔宮前受皇帝散花于時金

花映日寶蓋浮雲旛幢若林香煙似霧梵樂
法音聒動天地百戲騰驤所在駢比名僧德
衆負錫爲羣信徒法侶持花成藪車騎塡咽
繁衍相傾時有西域胡沙門見此唱言佛國
至永熙年中始詔國子祭酒邢子才爲寺碑
文子才河間人也志性通敏風情雅潤下帷
覃思温故知新文宗學府騰班馬而孤上英
規勝範凌許郭而獨高是以衣冠之士輻輳
其門懷道之賓去來滿室昇其堂者若登孔

氏之門沾其賞者猶聽東吳之句籍甚當時聲馳遐邇正光中解褐爲世宗挽郎奉朝請尋進中書侍郎黄門子才洽聞博見無所不通軍國制度罔不訪及自王室不靖虎門業廢後遷國子祭酒謨訓上庠子才罰惰賞勤專心勸誘青領之生竟懷雅術洙泗之風茲焉復盛永熙年末以母老辭帝不許之子才恪請懇至辭淚俱下帝乃許之詔以光祿大夫歸養私庭所生之處給事力五人歲一朝

以備顧問王侯祖道若漢朝之送二疏曁皇居徙鄴民訟殷繁前格後詔自相與奪法吏疑獄簿領成山乃勑子才與散騎常侍温子升撰麟趾新制十五篇省府以之決疑州郡用爲治本武定中除驃騎大將軍西兖州刺史爲政清靜吏民安之後徵爲中書令時戎馬在郊朝廷多事國禮朝儀咸自子才出所製詩賦詔策章表碑頌讚記五百篇皆傳於世隣國欽其模楷朝野以爲美談也

大統寺在景明寺西即所謂利民里寺南有三公令史高顯畧宅每夜見赤光行於堂前如此者非一向光明所掘地丈餘得黃金百斤銘云蘇秦家金得者爲吾造功德顯畧遂造招福寺人謂此地是蘇秦舊宅當時元乂秉政聞其得金就洛索之以二十斤與之衒之按蘇秦時未有佛法功德者不必是寺應是碑銘之類頌其聲跡也東有秦太師公二寺在景明南一里西寺太后所立東寺皇姨所

建並爲父追福因以名之時人號爲雙女寺並門隣洛水林木扶踈布葉垂陰各有五層浮圖一所高五十丈素綵布工比於景明至於六齋常有中黄門一人監護僧舍襯施供具諸寺莫及焉寺東有靈臺一所基趾雖頽猶高五丈餘即是漢武帝所立者靈臺東辟雍是魏武所立者至我正光中造明堂於辟雍之西南上圓下方八牕四闥汝南王復造磚浮圖於靈臺之上孝昌初妖賊四侵州郡

失據朝廷設募征格於堂之北從戎者拜曠
掖將軍偏將軍裨將軍當時甲冑之士號明堂
隊時虎賁駱子淵者自云洛陽人昔孝昌年
戍在彭城其同營人樊元寶得假還京子淵
附書一封令達其家云宅在靈臺南近洛河
卿但是至彼家人自出相看元寶如其言至
靈臺南了無人家可問徙倚欲去忽見一老
翁來問從何而來徬徨於此元寶具向道之
老翁云是吾兒也取書引元寶入遂見館閣

崇寬屋宇佳麗坐命婢取酒須臾見婢拉一死小兒而過元寶初甚怪之俄而酒至色甚紅香美異常兼設珍羞海陸具備飲訖辭還老翁送元寶出云後會難期以爲悽恨別甚殷勤老翁還入元寶不復見其門巷但見高岸對水渌波東傾唯見一童子可年十五新溺死鼻中出血方知所飲酒是其血也及還彭城子淵已失矣元寶與子淵同戍三年不知是洛水之神也

報德寺高祖孝文皇帝所立也爲馮太后追福

在開陽門外三里開陽門御道東有漢國子

學堂堂前有三種字石經二十五碑表裏刻

之寫爲春秋尚書二部作篆科斗隸三種字漢

右中郎將蔡邕筆之遺跡也猶有十八碑餘

皆殘毀復有石碑四十八枚亦表裏隸書寫

周易尚書公羊禮記四部又讀書碑一所並

在堂前魏文帝作典論云碑至太和十七年

猶有四　高祖題爲勸學里里有文覺三寶

寧遠三寺武定四年大將軍遷石經於頴川
迴有園珍果出焉有大谷梨承光之柰承光
寺亦多果木柰味甚美冠於京師勸學里東
有延賢里里內有正覺寺尚書令王肅所立
也肅字公懿琅琊人也偽齊雍州刺史奐之
子也贍學多通才辭美茂爲齊秘書丞太和
十八年背逆歸順時高祖新營洛邑多所造
制論肅博識舊事大有裨益高祖甚重之常
呼王生延賢之名因肅立之肅在江南之日聘

謝氏女爲妻及至京師復尚公主謝作五言詩以贈之其詩曰本爲箔上蠶今作機上絲得路逐勝去頗憶纏綿時公主代肅荅謝云針是貫線物目中恒任絲得帛縫新去何能衲故時肅甚愧謝之色遂造正覺寺以憩之肅憶父非理受禍常有子胥報楚之意卑身素服不聽樂時人以此稱之肅初入國不食羊肉及酪漿等物常飯鯽魚羹渴飲茗汁京師士子道肅一飲一斗號爲漏巵經數年已後肅與

高祖殿會食羊肉酪粥甚多高祖怪之謂肅曰卿中國之味也羊肉何如魚羹茗飲何如酪漿肅對曰羊者是陸產之最魚者乃水族之長所好不同並各稱珍以味言之甚是優劣羊比齊魯大邦魚比邾莒小國唯茗不中與酪作奴高祖大笑因舉酒曰三三橫兩兩縱誰能辨之賜金鍾御史中丞李彪曰沽酒老嫗甕注坻屠兒割肉與秤同尚書右丞甄琛曰吳人浮水自云工妓兒擲絕在虛空彭

城王勰曰臣始解此字是習字高祖即以金
鍾賜彪朝廷服彪聰明有智甄琛和之亦速
彭城王謂肅曰卿不重齊魯大邦而愛邾莒
小國肅對曰鄉曲所美不得不好彭城王重
謂曰卿明日顧我爲卿設邾莒之食亦有酪
奴因此復號茗飲爲酪奴時給事中劉縞慕
肅之風專習茗飲彭城王謂縞曰卿不慕王
侯八珍好蒼頭水厄海上有逐臭之夫里内
有學顰之婦以卿言之即是也其彭城王家

有吳奴以此言戲之自是朝貴讌會雖設茗
飲皆恥不復食唯江表殘民遠來降者好之
後蕭衍子西豐侯蕭正德歸降時元乂欲爲
之設茗先問卿於水厄多少正德不曉乂意
答曰下官生於水鄉而立身以來未遭陽侯
之難元乂與舉坐之客皆笑焉
龍華寺廣陵王所立也追聖寺北海王所立也
並在報恩寺之東法事僧房比秦太上公京
師寺皆種雜果而此三寺園林茂盛莫之與

爭
宣陽門外四里至洛水上作浮橋所謂永橋也
神龜中常景爲汭頌其辭曰浩浩大川泱泱
清洛導源熊耳控流巨壑納穀吐伊貫周淹
亳近達河宗遠朝海若兆唯洛食實同土中
上應張柳下據河嵩寒暑攸叶日月載融帝
世光宅　函下風前臨少室却負太行制巖
東邑峭峘西疆四險之地六達之莊恃德則
固失道則亡詳觀古列考見丘墳乃禪乃革

或質或文周餘九列漢季三分魏風衰晚晉
景彫曛天地發揮圖書受命皇建有極神功
無競魏籙仰天玄符握鏡璽運會昌龍圖受
命乃睠書軌永懷寶定敷兹景跡流美洪謨
襲我冠冕正我神樞水陸兼會周鄭交衢爰
勒洛汭敢告中區南北兩岸有華表舉高二
十丈華表上作鳳凰似欲冲天勢永橋以南
圜丘以北伊洛之間夾御道有四夷館道東
有四館一曰歸正二曰歸德三曰慕化四曰

慕義吳人投國者處金陵館三年已後賜宅
歸正里景明初僞齊建安王蕭寶寅來降封
會稽公爲築宅於歸正里後進爵爲齊王尚
南陽長公主寶寅耻與夷人同[redacted]令公主啓
世宗求入城内世宗從之賜宅於永安里正
光四年中蕭衍子西豐侯蕭正德來降處金
陵館爲築宅歸正里正德捨宅爲歸正寺北
夷來附者處燕然館三年已後賜宅歸德里
正光元年[redacted]至都久閭阿那瓌來朝執事

者莫知所處中書舍人常景議云咸寧中單
于來朝晉世處之王公特進之下可班那舷
蕃王儀同之間朝廷從其議又處之燕然館
賜宅歸德里北夷酋長遣子入侍者常秋來
春去避中國之熱時人謂之鴈臣東夷來附
者處扶桑館賜宅慕化里西夷來附者處崦
嵫館賜宅慕義里自葱嶺已西至於大秦百
國千城莫不歡附商胡販客日奔塞下所謂
盡天地之區已樂中國土風因而宅者不可

勝數是以附化之民萬有餘家門巷修整閶
闔填列青槐蔭陌緑樹垂庭天下難得之貨
咸悉在焉別立市於樂水南號曰四通市民
間謂永橋市伊洛之魚多於此賣士庶須膾
皆詣取之魚味甚美京師語曰洛鯉伊魴貴
於牛羊永橋南道東有白象獅子二坊白象
者永平二年乾羅國胡王所献皆施五綵屏
風七寶坐床容數人真是異物常養象於乘
黄曹象常壞屋敗墻走出於外逢樹即拔遇

墻亦倒百姓驚怖奔走交馳太后遂徙象於此坊獅子者波斯國胡王所献也爲逆賊万俟醜奴所獲留於寇中永安末醜奴破始達京師莊帝謂侍中李彧曰朕聞虎見獅子必伏可覓試之於是詔近山郡縣捕虎以送鞏縣山陽並送二虎一豹帝在華林園觀之於是虎豹見獅子悉皆瞑目不敢仰視園中素有一盲熊性甚馴帝令取試之虞人牽盲熊至聞獅子氣驚怖跳踉

曳鎖而走帝大笑普泰元年廣陵王即位
詔曰禽獸囚之則違其性宜放還山林獅
子亦令送歸本國送獅子胡以波斯道遠
不可送達遂在路殺獅子而返有司糺劾罪
以違旨論廣陵王曰豈以獅子而罪人也遂
赦之
菩提寺西域胡人所立也在慕義里沙門達多
發塚取甎得一人以進時太后與明帝在華
林都堂以爲妖異謂黃門侍郎徐紇曰上古

以來頗有此事否統曰昔魏時發塚得霍光女婿范明友家奴說漢朝廢立與史書相符此不足爲異也后令統問其姓名死來幾年何所飲食死者曰臣姓崔名涵字子洪博陵安平人也父名暢母姓魏家在城西阜財里死時年十五今滿二十七在地十有二年常似醉臥無所食也時復遊行或遇飯食如似夢中不甚辨了后卽遣門下錄事張秀攜詣準財里訪涵父母果得崔暢其妻魏氏秀

攜問暢曰卿有兒死否暢曰有息子涵年十五而死秀攜曰爲人所發今日蘇活在華林園中主人故遣我來相問暢聞驚怖曰實無此兒向者謬言秀攜還具以實陳聞后遣攜送涵回家暢聞涵至門前起火手持刀魏氏把挑枝謂曰汝不須來吾非汝父汝非吾子急手速去可得無殃涵遂捨去遊於京師常宿寺門下汝南王賜黄衣一具涵性畏日不敢仰視又畏水火及刀兵之屬常走於逵

路遇疲則止不徐行也時人猶謂是鬼洛陽太市北奉終里里內之人多賣送死人之具及諸棺槨涵謂曰作栢木棺勿以桑木爲欀人問其故涵曰吾在地下見人發鬼兵有一鬼訴稱是栢棺應免主兵吏曰爾雖栢棺桑木爲欀遂不免京師聞此栢木踴貴人疑賣棺者貨涵發此等之言也

高陽王寺高陽王雍之宅也在津陽門外三里御道西雍爲尒朱榮所害也捨宅以爲寺正

先中雍爲丞柏給輿羽葆鼓吹虎賁班劒百人貴極人臣富兼山海居止第宅匹於帝宮白殿丹檻窈窕連亘飛簷反宇轇轕週通僮僕六千妓女五百隋珠照日羅衣從風自漢晉以來諸王豪侈未之有也出則鳴騶御道文物成行鐃吹響發笳聲哀轉入則歌姬舞女擊筑吹笙絲管迭奏連宵盡日其竹林魚池侔於禁苑芳草如積珍木連陰雍嗜口味厚自奉養一日必以數萬錢爲限海陸珍羞

方丈於前陳留侯李崇謂人曰高陽一日敵我千日崇爲尚書令儀同三司亦富傾天下僮僕千人而性多儉悋惡衣麄食亦常無肉止有韭菹崇客李元佑語人云李令公一食十八種人問其故元佑曰二九一十八聞者大笑世人即以爲譏罵雍薨後諸妓悉令入道或有嫁者美人徐月華善彈箜篌能爲明妃出塞之曲歌聞者莫不動容永安中與衛將軍原士康爲側室宅近青陽門徐鼓箜篌

而歌哀聲入雲行路聽者俄而成市徐常語
士康曰王有二美姬一名脩容二名艷姿並蛾
眉皓齒潔貌傾城脩容亦能爲緑水歌艷姿
善火鳳舞並愛傾後室寵冠諸姬士原聞此
遂常令徐鼓緑水火鳳之曲焉高陽宅北有
中甘里里内荀顗子文年十三幼而聰辨神
情卓異雖黄琬文舉無以加之正光初廣宗
潘崇和講服氏春秋於城東昭義里子文攝
齊北面就和受道時趙郡李才問子文曰荀

生住在何處子文對曰僕住在中甘里才曰何往曰往城南城南有四夷館才以此譏之子文對曰國陽勝地卿何怪也若言川澗伊洛崢嶸語其舊事靈臺石經招提之美報德景明當世富貴高陽廣平四方風俗萬國千城若論人物有我無卿才無以對之崇和曰汝潁之士利如錐燕趙之士鈍如鎚信非虛言也舉學皆笑焉

崇虛寺在城西卽漢之躍龍閣也延熹九年桓

帝祠老子於躍龍園室華蓋之座用郊天之樂此其地也高祖遷京之始以地給民憩者多見妖怪是以人皆去之遂立寺焉

洛陽城南伽藍記卷第三

洛陽城西伽藍記卷第四

魏撫軍府司馬楊衒之撰

冲覺寺太傅清河王懌捨宅所立也在西明門外一里御道北懌親王之中最有名行世宗愛之特隆諸弟延昌四年世宗崩懌與高陽王雍廣平王懷並受遺詔輔翼孝明時帝始年六歲太后代揔萬機以懌名德茂親體道居正事無大小多諮詢之是以熙平神龜之際勢傾人主第宅豐大踰於高陽西北有樓

出淩雲臺俯臨朝市目極京師古詩所謂西
北有高樓上與浮雲齊者也樓下有儒林舘
退賓堂形製並如清暑殿土山釣臺冠於當
世斜峰入牖曲沼環堂樹響飛嚶堦叢花藥
懌愛賓客重文藻海内才子莫不輻輳府僚
臣佐並選儁俊至於清晨明景騁望南臺珍
羞具設琴笙並奏芳醴盈罍佳賓滿席使梁
王愧兎園之遊陳思慙雀臺之燕正光初元
乂秉權閉太后於後宫薨懌於下省孝昌元年

太子還總萬機追贈懌太子太師太將軍都督中外諸軍事假黃鉞給九旒鑾輅黃屋左纛轀輬車前後部羽葆鼓吹虎賁班劍百人輓歌二部葬禮依晉安平王孚故事謚曰文獻圖懌像於建始殿拔清河國令韓子熙爲黃門侍郎從王國三卿爲執戟者近代所無也爲文獻追福建五層浮圖一所工作與瑤光寺相似也

宣忠寺侍中司州牧城陽王所立也在西陽門

外一里御道南永康中北海入洛莊帝北巡
自餘諸王各懷二望唯徽獨從莊帝至長子
城大兵阻河雌雄未决徽願入洛陽捨宅爲
寺及北海敗散國道重暉遂捨宅爲永安寺
莊帝謀煞尒朱榮恐事不果請計於徽徽曰
以生太子爲辭榮必入朝因以斃之莊帝曰
后懷孕於十月今始九月可爾已不徽曰婦
生產子有延月者有少月者不足爲怪帝納
其謀遂唱生太子遣徽特至太原王第告云

皇儲誕育值榮與上黨王天穆博戲徽脫榮帽懽舞盤旋徽素大度量喜怒不形於色遶殿內外懽叫榮遂信之與穆並入朝莊帝聞榮來不覺失色中書舍人温子升曰陛下色變帝連索酒飲之然後行事榮穆旣誅拜徽太師司馬餘官如故典統禁兵偏被委任及尒朱兆擒莊帝徽投前洛陽令寇祖仁祖仁一門刺史皆是徽之將少有舊恩故往投之祖仁謂子弟等曰時聞尒朱兆募城陽王甚

重擒獲者千戶侯今日富貴至矣遂斬送之
徽初投祖仁家賫金一百斤馬五十疋祖仁
利其財貨故行此事所得金馬緦親之内均
分之所謂匹夫無罪懷璧其罪信矣兆得徽
首亦不勳賞祖仁兆忽夢徽云我有黄金二
百斤馬一百疋在祖仁家卿可取之兆悟覺
即自思量城陽禄位隆重未聞清貧常自入
其家採掠本無金銀此夢或真至曉掩祖仁
徵其金馬祖仁謂人密告望風欵服云實得

金一百斤馬五十疋兆兆疑其藏隱依夢徵之
祖仁諸房素有金三十斤馬五十疋盡送致
兆猶不充數兆乃發怒捉祖仁懸首高樹大
石墜足鞭捶之以及於死時人以爲交報楊
衒之云崇善之家必有餘慶積禍之門殃所
畢集祖仁負恩反噬貪貨殺徵徵卽託夢增
金馬假手於兆還以斃之使祖仁備經楚撻
窮其塗炭雖魏侯之笞田蚡秦主之刺姚萇
以此論之不能加也

宣忠寺東王典御寺閹官楊王桃湯所立也時閹官伽藍皆爲尼寺唯桃湯所建僧寺也人稱 英雄門有三層浮屠一所工踰昭義宦者招提最爲入室至於六齋常擊鼓歌舞也

白馬寺漢明帝所立也佛入中國之始寺在西陽門外三里御道南帝夢金神長丈六項背日月光明金神號曰佛遣使向西域求之乃得經像焉時白馬負而來因以爲名明帝崩起祇洹於陵上自此從後百姓冢上或作浮

圖焉寺上經函至今猶存常燒香供養之經
函時放光明耀於堂宇是以道俗禮敬之如
仰眞容浮屠前柰林蒲萄異於餘處枝葉繁
衍子實甚大柰林實重七斤蒲萄實偉於棗
味並殊美冠於中京帝至熟時常詣取之或
復賜宮人宮人得之轉餉親戚以爲奇味得
者不敢輙食乃歷數家京師語曰白馬甜榴
一實直牛有沙門寶公者不知何處人也形
貌醜陋心機通達過去未來預覩三世發言

似讖不可解事過之後始驗其實胡太后聞
之問以世事寶公曰把粟與雞呼朱朱時人
莫之能解建義元年后爲尒朱榮所害始驗
其言時亦有洛陽人趙法和請占早晚當有
爵否寶公曰大竹箭不須羽東廂屋急手作
時不曉其意經十餘日法和父喪大竹者杖
東廂屋者倚廬造十二辰歌終其言也
寶光寺在西陽門外御道北有三層浮圖一所
以石爲基形製甚古畫工雕刻隱士趙逸見

而嘆曰晉朝石塔寺今爲寶光寺也人問其故逸曰晉朝三十二寺盡皆湮滅唯此寺獨存指園中一處曰此是浴室前五步應有一井衆僧掘之果得屋及井焉井雖填塞磚口如初浴堂下猶有石數十枚當時園池平衍果菜葱青莫不嘆息焉園中有一海號咸池葭菼被岸菱荷覆水青松翠竹羅生其旁京邑士子至於良辰美日休沐告歸徵友命朋來遊此寺雷車接軫羽蓋成陰或置酒林泉

題詩花圃折藕浮瓜以爲興適普泰末雍西
刺史隴西王尒朱天光揔士馬於此寺寺門
無何都崩天光見而惡之其年天光戰敗斬
於東市也
法雲寺西域烏場國胡沙門僧摩羅所立也在
寶光寺西隔墻並門摩羅聰慧利根學窮釋
氏至中國即曉魏言隸書凡聞見無不通解
是以道俗貴賤同歸仰之作祇洹寺一所工
制甚精佛殿僧房皆爲胡飾丹素炫彩金

玉垂輝摹寫真容似丈六之見鹿苑神光壯
麗若金剛之在雙林伽藍之内花果蔚茂芳
草蔓合嘉木被庭京師沙門好胡法者皆就
摩羅受持之戒行真苦難可揄揚祕呪神驗
閻浮所無呪枯樹能生枝葉呪人變爲驢馬
見之莫不忻怖西域所賫舍利骨及佛牙經
像皆在此寺寺北有侍中尚書令臨淮王彧
宅彧博通典籍辨慧清悟風儀詳審容止可
觀至三元肇慶萬國齊珍金蟬曜首寶玉鳴

腰負荷執笏逶迤複道觀者忘疲莫不歎服
或性愛林泉又重賓客至於春風扇揚花樹
如錦晨食南館夜遊後園僚寀成羣俊民滿
席絲桐發響羽觴流行詩賦並陳清言乍起
莫不飲其玄奧忘其褊郄焉是以入或室者
謂登僊也荊州秀才張裴裳爲五言有清拔
之句云異秋花共色別樹鳥同聲或以蛟龍
錦賜之亦有得緋紬緋綾者唯河東裴子明
爲詩不工罰酒一石子明八日而醉眠時人

譬之山濤及尒朱兆入京師或爲亂兵所害
朝野痛惜焉出西陽門外四里御道南有洛
陽大市周迴八里市南有皇女臺漢大將軍
梁冀所造猶高五丈餘景明中比丘道恒立
靈僊寺於其上臺西有河陽縣臺中有侍中
侯剛宅市西北有土山魚池亦冀之所造即
漢書所謂採土築山十里九坂以象二崤者
市東有通商達貨二里里内之人盡皆工巧
屠販爲生資財巨萬有劉寶者最爲富室州

郡都會之處皆立一宅各養馬一疋至於鹽
粟貴賤市價高下所在一例舟車所通足跡
所履莫不商販焉是以海内之貨咸萃其庭
產匹銅山家藏金穴宅宇踰制樓觀出雲車
馬服飾擬於王者市南有調音樂律二里里
内之人絲竹謳歌天下妙伎出焉有田僧超
者善吹笳能爲壯士歌項羽吟征西將軍崔
延伯甚愛之正光末高平失據虐吏充斥賊
帥万俟醜奴寇暴涇岐之間朝廷爲旰食延

伯總步騎五萬討之延伯出師於洛陽城西張方橋即漢之夕陽亭也時公卿祖道車騎成列延伯危冠長劍耀武於前僧超吹壯士笛曲於後聞之者懦夫成勇劍客思奮延伯膽略不羣威名早著爲國展力二十餘年攻無全城戰無橫陣是以朝廷傾心送之延伯每臨塲令僧超爲壯士聲甲冑之士踴躍單馬入陣旁若無人勇冠三軍威鎮戎竪二年之間獻捷相繼醜奴募善射者射僧超亡延

伯悲惜哀慟左右謂伯牙之失鐘子期不能過也後延伯爲流矢所中卒於軍中於是五万之師一時潰散市西有退酤治觴二里里内之人多醖酒爲業河東人劉白墮善能釀酒季夏六月時暑赫曦以甖貯酒暴於日中經一旬其酒不動飲之香美而醉經月不醒京師朝貴多出郡登藩遠相餉饋踰于千里以其遠至號曰鶴觴亦名騎驢酒永熙年中南青州刺史毛鴻賓齎酒之蕃逢路賊盜飲

之郎醉皆被擒獲因復命擒劉酒遊俠語曰
不畏張弓拔刀唯畏白墮春醪市北慈孝奉
終二里里内之人以賣棺槨爲業賃輀車爲
事有輓歌孫巖娶妻三年不脫衣而卧巖因
怪之伺其睡陰解其衣有毛長三尺似野狐
尾巖懼而出之妻臨去將刀截巖髮而走鄰
人逐之變成一狐追之不得其後京邑被截
髮者一百三十餘人初變婦人衣服靚妝行
路人見而悅近之皆被截髮當時有婦人着

綵衣者人皆指爲狐魅熈平二年四月有此
至秋乃止別有凖財金肆二里富人在焉凡
此十里多諸工商貨殖之民千金比屋層樓
[redacted]重門啓扇閣道交通迭相臨望金銀錦
繡奴婢緹衣五味八珍僕隸畢口神龜年中
以工商上僭不聽金銀錦繡雖立此制竟不
施行凖財里內有開善寺京兆人韋英宅也
英早卒其妻梁氏不治喪而嫁更約河內人
向子集爲夫雖云改嫁仍居英宅英聞梁氏

嫁白日來歸乘馬將數人至於庭前呼曰阿
梁卿忘我也子集驚怖張弓射之應弦而倒
即變爲桃人所騎之馬亦變爲茅馬從者數
人盡化爲蒲人梁氏惶懼捨宅爲寺南陽人
侯慶有銅像一軀可高丈餘慶有牛一頭擬
爲金色遇急事遂以牛他用之經二年慶妻
馬氏忽夢此像謂之曰卿夫婦負我金色久
而不償今取卿兒醜多以償金色焉悟覺心
不遑安至曉醜多得病而亡慶年五十唯有

一千悲哀之聲感於行路醜多亡日像自然
金色光照四隣一里之内咸聞香氣僧俗長幼
皆來觀覩尚書右僕射元稹聞里内頻有怪
異遂改準財爲齊諧里也自退酤以西張方
溝以東南臨洛水北達芒山其間東西二里
南北十五里並名爲壽丘里皇宗所居也民
間號爲王子坊當時四海晏清八荒率職縹
囊紀慶玉燭調辰百姓殷阜年登俗樂鰥寡
不聞犬豕之食煢獨不見牛馬之衣於是帝

族王侯外戚公主擅山海之富居川林之饒爭修園宅互相誇競崇門豐室洞戶連房飛館生風重樓起霧高臺芳樹家家而築花林曲池園園而有莫不桃李夏綠竹栢冬青而河間王琛最爲豪首常與高陽爭衡造文栢堂形如徽音殿置玉井金罐以金五色績爲繩妓女三百人盡皆國色有婢朝雲善吹篪能爲團扇歌隴上聲琛爲秦州刺史諸羌外叛屢討之不降琛令朝雲假爲貧嫗吹篪

而乞諸羌聞之悉皆流涕迭相謂曰何爲棄
墳井在山谷爲寇也即相率歸降秦民語曰
快馬健兒不如老嫗吹篪琛在秦州多無政
績遣使向西域求名馬遠至波斯國得千里
馬號曰追風赤驥次有七百里者十餘匹皆
有名字以銀爲槽金爲鎖環諸王服其豪富
琛語人云晉室石崇乃是庶姓猶能雉頭狐掖
畫卵雕薪況我大魏天王不爲華侈造迎風館
於後園牕戶之上列錢青瑣玉鳳銜鈴金龍

吐佩素柰朱李枝條入簷伎女樓上坐而
摘食琛嘗會宗室陳諸寶器金瓶銀瓮百
餘口甌檠盤盒稱是自餘酒器有水晶鉢
瑪瑙琉璃碗赤玉巵數十枚作工奇妙中
土所無皆從西域而來又陳女樂及諸名
馬復引諸王按行府庫錦罽珠璣氷羅霧
縠充積其內繡纈油綾絲綵越葛錢絹等
不可數計琛忽謂章武王融曰不恨我不
見石崇恨石崇不見我融立性貪暴志欲

無限見之惋歎不覺生疾還家臥三日不起江陽王繼來省疾謂曰卿之財産應得抗衡何爲嘆羨以至於此融曰常謂高陽一人寶貨多融誰知河間瞻之在前繼咲曰卿欲作袁術之在淮南不知世間復有劉備也融乃蹶起置酒作樂于時國家殷富庫藏盈溢錢絹露積於廊者不可較數及太后賜百官負絹任意自取朝臣莫不稱力而去唯融與陳留侯李崇負絹過性蹶倒傷踝侍

中崔光止取兩疋太后問侍中何少對曰臣有
兩手唯堪兩疋所獲多矣朝貴服其清廉經河
陰之役諸元殲盡王侯第宅多題爲寺壽丘里
閭列刹相望祇洹鬱起寶塔高淩四月初八日
京師士女多至河間寺觀其廊廡綺麗無不歎
息以爲蓬萊僊室亦不是過入其後園見溝瀆
蹇產石磴礁嶢朱荷出也綠萍浮水飛梁跨閣
　樹出雲咸皆唧唧雖梁王兔苑想之不如也
追光寺侍中尚書令東平王略之宅也略生而

岐嶷幼則老成博洽羣書好道不倦神龜中
爲黄門侍郎元乂專政虐加宰輔畧密與其
兄相州刺史中山王熙欲起義兵問罪君側
雄規不就釁起同謀畧兄弟四人並罹塗炭
唯畧一身逃命江右蕭衍素聞畧名見其器
度寛雅文學優贍甚敬重之謂曰洛中如王
者幾人畧對曰臣在本朝之日承乏攝官至
於宗廟之美百官之富鴛鸞接翼杞梓成陰
如臣之比趙咨所云車載斗量不可數盡衍

大笑乃封畧爲中山王食邑千戶儀比王子
又除宣城太守給鼓吹一部劒卒千人畧爲
政清肅甚有治聲江東朝貴侈於矜尚見畧
入朝莫不憚其進止尋遷信武將軍衡州刺
史孝昌元年明帝宥吳人江革請畧歸國江
革者蕭衍之大將也蕭衍謂曰朕寧失江革
不得無王畧曰臣遭家禍難白骨未收乞還
本朝叙錄存沒因即悲泣衍哀而遣之乃賜
錢五百萬金二百斤銀五百斤錦繡寶玩之

物不可稱數親帥百官送於江上作五言詩
贈者百餘人凡見禮敬如親比　畧始濟淮明
帝拜畧侍中義陽王食邑千戶畧至闕詔曰
昔劉蒼好善利建東平曹植能文大啓陳國
是用聲彪盤石義鬱維城侍中義陽王畧體
自藩華門勳夙著内潤外朗兄弟偉如既見
義亡家捐生殉國永言忠烈何日忘之往雖
弛擔爲梁今便言旋闕下有志有節能始能
終方傳美丹青懸諸日月畧前未至之日即

心立稱故封義陽然國既邊地寓食他邑求之二三未爲盡善宜比德均封追芳曩烈可改封東平王戶數如前尋進尚書令儀同三司領國子祭酒侍中如故畧從容閑雅本自天資出南入北轉復高邁言論動止朝野師模建義元年薨於河陰贈太保謚曰文貞嗣王景式捨宅爲此寺

融覺寺清河文獻王懌所立也在閶闔門外御道南有五層浮圖一所與沖覺寺齊等佛殿

僧房充溢一里比丘曇謨最善於禪學講涅槃花嚴僧徒千人天竺國胡沙門菩提流支見而禮之號爲菩薩流支解佛義知名西土諸夷號爲羅漢曉魏言及隸書翻十地楞伽及諸經論二十三部雖石室之寫金言草堂之傳眞教不能過也流支讀曇謨最大乘義章每彈指讚嘆唱言微妙卽爲胡書寫之傳之於西域沙門常東向遙禮之號曇謨最爲東方聖人

大覺寺廣平王懷捨宅也在融覺寺西一里許北瞻芒嶺南眺洛汭東望宮闕西顧旗亭禪皋顯敞實爲勝地是以溫子升碑云面水背山左朝右市是也環所居之堂上置七佛林池飛閣比之景明至於春風動樹則蘭開紫葉秋霜降草則菊吐黃花名僧大德寂以遣煩永熙年中平陽王卽位造磚浮圖一所是土石之工窮精極麗詔中書舍人溫子升以爲文也

永明寺宣武皇帝所立也在大覺寺東時佛法
經像盛於洛陽異國沙門咸來輻輳負錫持
經適兹樂土世宗故立此寺以憩之房廡連
亘一千餘間庭列脩竹簷拂高松奇花異草
駢闐堦砌百國沙門三千餘人西域遠者乃
至大秦國盡天地之西垂[redacted]績紡百姓野居邑
屋相望衣服車馬擬儀中國南中有歌營國
去京師甚遠風土隔絕世不與中國交通雖
二漢及魏亦未曾至也今始有沙門焉子善

提拔陁自云北行一月日至勾稚國北行十一日至孫典國從孫典國北行三十日至扶南國方五千里南夷之國最爲强大民戶殷多出明珠金玉及水精珍異饒梹榔從扶南國北行一月至林邑國出林邑入蕭衍國拔陀至楊州歲餘隨楊州比丘法融來至京師沙門問其南方風俗拔陀云古有奴調國乘四輪馬爲車斯調國出火浣布以樹皮爲之其樹入火不燃凡南方諸國皆因城郭而居

多饒珍麗民俗淳善質直好義亦與西國大
秦安息身毒諸國交通往來或三方四方浮
浪乘風百日便至率奉佛教好生惡煞寺西
有宜牛里里内有陳留王景皓侍中安定公
胡元吉等二宅景皓者河内刺史陳留莊王
祚之子立性虛豁少有大度愛人好事待物
無遺夙善玄言道家之業遂捨半宅安置佛
徒演唱大乘數部並進京師大德超光暆榮
四法師三藏胡沙門菩提流支等咸預其席

諸方伎術之士莫不歸赴時有奉朝請孟仲
暉者武城人也父賓金城太守暉志性聰明
學兼釋氏四諦之義窮其旨歸恒來造第與
沙門論議時號爲玄宗先生暉遂造人中夾
貯像一軀相好端嚴希世所有置皓前廳須
臾彌寶坐永安二年中此像每夜行遶其坐
四面脚跡隱地成文於是士庶異之咸來觀
矚由是發心者亦復無量永熙三年秋忽然
自去莫知所之其年冬而京師遷鄴武定五

年暉爲洛州開府長史重加採訪寔無影迹
出閶闔門城外七里長分橋中朝時以穀水
浚急注於城下多壞民家立石橋以限之長
則分流入洛故名曰長分橋或云晉河間王
在長安遣張方征長沙王營軍於此因爲張
方橋也未知孰是今民間訛語號爲張夫人
橋朝士送迎多在此處長分橋西有千金堰
計其水利日益千金因以爲名昔都水使者
陳勰所造令備夫一千歲恒修之

洛陽城西伽藍記卷第四

洛陽城北伽藍記卷第五

魏撫軍府司馬楊衒之撰

禪虛寺在大夏門御道西寺前有閱武場歲終農隙甲士習戰千乘萬騎常在於此有羽林馬僧相善觝角戲擲戟與百尺樹齊等虎賁張車擲刀出樓一丈帝亦觀戲在樓恒令二人對爲角戲中朝時宣武場大夏門東北今爲光風園苜蓿生焉

凝圓寺閹官濟州刺史賈璨所立也在廣莫門

外一里御道東所謂永平里也注即漢太上王廣處遷京之初創居此里值母亡捨以爲寺地形高顯下臨城闕房廡精麗竹柏成林實是淨行息心之所也王公卿士來遊觀爲五言者不可勝數洛陽城東北有上高景殷之頑民所居處也高祖名聞義里遷京之始朝士住其中迭相幾刺竟皆去之唯有造瓦者止其內京師瓦器出焉世人歌曰洛陽城東北上高里殷之頑民昔所止今日百姓造

瓮子人皆棄去住者恥唯冠軍將軍郭文遠遊憩其中堂宇園林匹於邦君時隴西李元謙樂雙聲語常經文遠宅前過見其門閥華美乃曰是誰第宅過佳婢春風出曰郭冠軍家元謙曰凡婢雙聲春風曰儜奴慢罵元謙服婢之能於是京邑翕然傳之聞義里有燉煌人宋雲宅雲與惠生俱使西域也神龜元年十一月冬太后遣崇立寺比丘惠生向西域取經凡得一百七十部皆是大乘妙典初

發京師西行四十日至赤嶺即國之西彊也皇魏關防正在於此赤嶺者不生草木因以爲名其山有鳥鼠同穴異種共類鳥雄鼠雌共爲陰陽即所謂鳥鼠同穴發赤嶺西行二十三日渡流沙至土谷渾國路中甚寒多饒風雪飛沙走礫舉目皆滿唯吐谷渾城左右煖於餘處其國有文字況同魏風俗政治多爲夷法從土谷渾西行三千五百里至鄯善城其城自立王爲土谷渾所吞今城是土谷

涯第二息寧西將軍總部落三千以禦西胡
從鄯善西行一千六百四十里至左末城城
中居民可有百家土地無雨决水種麥不知
用牛耒耜而田　中國佛與菩薩乃無胡貌
訪古老云是呂光伐胡所作從左末城西行
一千二百七十五里至末城城傍花果似洛
陽唯土屋平頭爲異也從末城西行二十二
里至捍麼城南十五里有一大寺三百餘衆
僧有金像一軀舉高丈六儀容超絕相好炳

然面恒東立不肯西顧父老傳云此像本從南方騰空而來于闐國王親見禮拜載像歸中路夜宿忽然不見遣人尋之還來本處即起塔封四百戶供灑掃戶人有患以金箔貼像所患處即得陰愈後人於像邊造丈六像者及諸宮塔乃至數千懸綵幡蓋亦有萬計魏國之幡過半矣幡上隸書云太和十九年景明二年延昌二年唯有一幅觀其年號是姚秦時幡從捍麼城西行八百七十八里至

于闐國王頭著金冠似鷄幘頭後垂二尺生
絹廣五寸以爲飾威儀有鼓角金鉦弓箭一
具戟二枝槊五張左右帶刀不過百人其俗
婦人袴衫束帶乘馬馳走與丈夫無異死者
以火焚燒收骨葬之上起浮圖居喪者翦髮
劈面爲哀戚髮長四寸即就平常唯王死不
燒置之棺中遠葬於野立廟祭祀以時思之
于闐王不信佛法有商將一比丘石毗盧旃
在城南杏樹下向王伏罪云今輒將異國沙

門來在城南杏樹下王聞忽怒即往看毗盧
旃旃語王曰如來遣我來令王造覆盆浮圖
一軀使王祚永隆王言令我見佛當即從命
毗盧旃鳴鍾告佛即遣羅睺羅變形爲佛從
空而現眞容王五體投地即於杏樹下置立
寺舍畫作羅睺羅像忽然自滅于闐王更作
精舍籠之令覆瓫之影恒出屋外見之者無
不回向其中有辟支佛靴於今不爛非皮非
莫能審之案于闐境東西不過三千餘里神

龜二二年七月二十九日入朱駒波國人民山
居五穀甚豐食則麵麥不立屠煞食肉者以
自死肉風俗言音與于闐相似文字與波羅
門同其國疆界可五日行遍八月初入漢盤
陀國界西行六日登葱嶺山復西行三日至
鉢盂城三日至不可依山其處甚寒冬夏積
雪山中有池毒龍居之昔有商人止宿池側
值龍忿怒呪煞商人盤陀王聞之捨位與子
向烏場國學婆羅門呪四年之中盡得其術

還復王位復呪池龍龍變爲人悔過向王郎
徙之葱嶺山去此池二千餘里今日國王十
三世祖自此以西山路欹側長坂千里懸崖
萬仞極天之阻實在於斯太行孟門匹兹非
險崤關壟坂方此則夷自發葱嶺步步漸高
如此四日乃得至嶺依約中下實半天矣漢
盤陀國正在山頂自葱嶺已西水皆西流世
人云是天地之中人民决水以種聞中國田
待雨而種笑曰天何由可共期也城東有孟

津河東北流向沙勒葱嶺高峻不生草木是時八月天氣已冷北風驅雁飛雪千里九月中旬入鉢和國高山深谷嶮道如常國王所住因山爲城人民服飾惟有氈衣地土甚寒窟穴而居風雪勁切人畜相依國之南界有大雪山朝融夕結望若玉峰十月之初至歇噠國土田庶衍山澤彌望居無城郭游軍而治以氈爲屋隨逐水草夏則隨涼冬則就温鄉土不識文字禮敎俱闕陰陽運轉莫知其

度年無盈閏月無大小用十二月爲一歲受
諸國貢獻南至牒羅北盡勑懃東被于闐西
及波斯四十餘國皆來朝賀王張大氈帳方
四十步周迴以氍毹爲壁王著錦衣坐金牀
以四金鳳凰爲牀腳見大魏使人再拜跪受
詔書至於設會一人唱則客前後唱則罷會
唯有此法不見音樂嚈噠國王妃亦著錦衣
垂地三尺使人擎之頭帶一角長八尺奇長
三尺以玫瑰五色裝飾其上王妃出則輿之

入坐金牀以六牙白象四獅子爲牀自餘大
臣妻皆隨傘頭亦似有角團圓垂下狀似寶
蓋觀其貴賤亦有服章四夷之中最爲强大
不信佛法多事外神煞生血食器用七寶諸
國奉獻甚饒珍異按嚈噠國去京師二萬餘里
十一月初入波斯國境土甚狹七日行過人
民山居資業窮煎風俗凶慢見王無禮國王
出入從者數人其國有水昔日甚淺後山崩
截流變爲二池毒龍居之多有災異夏喜暴

雨冬則積雪行人由之多致難艱雪有白光
照耀人眼令人閉目茫然無見祭祀龍王然
後平復十一月中旬入賒彌國此國漸出葱
嶺土田磽确民多貧困峻路危道人馬僅通
一直一道從鉢盧勒國向烏場國鐵鎖爲橋
縣虛爲渡下不見底旁無挽捉倏忽之間投
軀萬仞是以行者望風謝路耳十二月初入
烏場國北接葱嶺南連天竺土氣和暖地方
數千民物殷阜疋臨淄之神州原田膴膴等

咸陽之上土鞞羅施兒之所薩埵投身之地舊俗雖遠土風猶存國王精食菜食長齋晨夜禮佛擊鼓吹貝琵琶箜篌笙簫備有日中已後始治國事假有死罪不立煞刑唯從空山任其飲啄事涉疑似以藥服之清濁則驗隨事輕重當時即決土地肥美人物豐饒百穀盡登五果繁熟夜聞鍾聲遍滿世界土饒異花冬夏相接道俗採之上佛供養國王見宋雲云大魏使來膜拜受詔書聞太后崇奉

佛法卽面東合掌遥心頂禮遣解魏語人問
宋雲曰卿是日出人也宋雲答曰我國東界
有大海水日出其中實如來旨王又問曰彼
國出聖人否宋雲具說周孔莊老之德次序
蓬萊山上銀闕金堂神僊聖人並在其上說
管輅善卜華陀治病左慈方術如此之事分
别說之王曰若如卿言卽是佛國我當命終
願生彼國宋雲於是與惠生出城外尋如來
敎跡水東有佛晒衣處初如來在烏塲國行

化龍王瞋怒興大風雨佛僧迦梨表裏通濕
雨止佛在石下東面而坐晒袈裟年歲雖久
彪炳若新非直條縫明見至於細縷亦新乍
往觀之如似未徹假令刮削其文轉明佛坐
處及晒衣所並有塔記水西有池龍王居之
池邊有一寺五十餘僧龍王每作神變國王
祈請以金玉珍寶投之池中在後涌出令僧
取之此寺衣食待龍而濟世人名曰龍王寺
王城北八十里有如來履石之跡起塔籠之

履石之處若水踐泥量之不定或長或短今
立寺可七十餘僧塔南二十步有泉石佛本
清淨嚼楊枝植地即生今成大樹胡名曰婆
樓城北有陀羅寺佛事最多浮圖高大僧房
逼側周匝金像六千軀王年常大會皆在此
寺國內沙門咸來雲集宋雲惠生見彼比丘
戒行精苦觀其風範特加恭敬遂捨奴婢二
人以供灑掃去王城東南山行八日如來苦
行投身餓虎之處高山籠嵸危岫入雲嘉木

靈芝叢生其上林泉婉麗花綵曜目宋雲與惠生割捨行資於山頂造浮圖一所刻石隸書銘魏功德山有收骨寺三百餘僧王城南一百餘里有如來昔作摩休國剝皮爲紙拆骨爲筆處阿育王起塔籠之舉高十丈拆骨之處髓流著石觀其脂色肥膩若新王城西南五百里有善持山甘泉美果見於經記山谷和暖草木冬青當時太簇御辰溫熾已扇鳥鳴春樹蝶舞花叢宋雲遠在絕域因矚此

芳景歸懷之思獨軫中腸遂動舊疹纏綿經
月得婆羅門呪然後平善山項東南有太子
石室一口兩房太子室前十步有大方石云
太子常坐其上阿育王起塔記之塔南一里
太子草菴處去塔一里東北下山五十步有
太子男女遶樹不去婆羅門以杖鞭之流血
灑地處其樹猶存灑血之地今爲泉水室西
三里天帝釋化爲師子當路蹲坐遮嫚姑之
處石上毛尾爪跡今悉炳然阿周陀窟及門

于供養盲父母處皆有塔記山中有昔五百
羅漢牀南北兩行相向坐處其次第相對有
大寺僧徒二百人太子所食泉水北有寺恒
以驢數頭運糧上山無人驅逐自然往還寅
發午至每及中飡此是護塔神渥婆僊使之
然此寺昔日有沙彌常除灰目入神定維那
輓之不覺皮連骨離渥婆僊代沙彌除灰處
國王與渥婆僊立廟圖其形像以金傳之隔
山嶺有婆姧寺夜叉所造僧徒八十人云羅

漢夜叉常來供養灑掃取薪凡俗比丘不得在寺大魏沙門道榮至此禮拜而去不敢留停至正光元年四月中旬入乾陀羅國土地亦與烏塲國相似本名業波羅國爲嚈噠所滅遂立勑懃爲王治國以來已經二世立性凶暴多行煞戮不信佛法好祀鬼神國中人民悉是婆羅門種崇奉佛教好讀經典忽得此王深非情願自恃勇力與罽賓爭境連兵戰鬬已歷三年王有鬬象七百頭一負十人

手持刀捶象鼻縛刀與敵相擊王常停境上終日不歸師老民勞百姓嗟怨宋雲詣軍通詔書王凶慢無禮坐受詔書宋雲見其遠夷不可制任其倨傲莫能責之王遣傳事謂宋雲曰卿涉諸國經過險路得無勞苦也宋雲答曰我皇帝深味大乘遠求經典道路雖險未敢言疲大王親總三軍遠臨邊境寒暑驟移不無頓弊王答曰不能降服小國愧卿此問宋雲初謂王是夷人不可以禮責任其坐

受詔書及親往復乃有人情遂責之曰山有
高下氷有大小人處世間亦有尊卑嚈噠烏
塲王並拜受詔書太王何獨不拜王荅曰我
見魏主則拜得書坐讀有何可怪世人得父
母書猶自坐讀大魏如我父母我一坐讀書
於理無失雲無以屈之遂將雲至一寺供給
甚薄時跋跋提國送獅子兒兩頭與乾陀羅
王雲等見之觀其意氣雄猛中國所畫莫參
其儀於是西行五日至如來捨頭施人處亦

有塔寺二十餘僧復西行三月至辛頭大河
河西岸上有如來作摩竭大魚從河而出十
二年[redacted]以肉濟人處起塔爲記石上猶有魚
鱗紋復西行十三日至佛沙伏城川原沃壤
城郭端直民戶殷多林泉茂盛土饒珍寶風
俗淳善其城內外凡有古寺名僧德衆道行高
奇城北一里有白象宮寺內佛事皆是石像
裝嚴極麗頭數甚多通身金箔眩耀人目寺
前繫白象樹此寺之興實由茲焉花葉似棗

季冬始熟父老傳云此樹滅佛法亦滅寺內
圖太子夫妻以男女乞婆羅門像胡人見之
莫不悲泣復西行一日至如來挑眼施人處
亦有塔寺寺石上有迦葉佛跡復西行一日
乘船渡一深水三百餘步復西南行六十里
至乾陀羅城東南七里有雀離浮圖道榮傳
云城東四里推其本源乃是如來在世之時
與弟子遊化此土指城東曰我入涅槃後二
百年有國王名迦尼色迦此處起浮圖佛入

涅槃後二百年來果有國王字迦尼色迦出
游城東見四童子累牛糞爲塔可高三尺俄
然即失道榮傳云童子在虛空中向王說偈
王怪此童子即作塔籠之糞塔漸高挺出於
外去地四百尺然後止王始更廣塔基三百
餘步道榮傳云三百九十步從此構木始得
齊等道榮傳云其高三丈悉用文木爲陛階
砌櫨拱上構衆木凡十三級上有鐵柱高三
尺金槃十三重合去地七百尺道榮傳云鐵

柱八十八尺八十圍金盤十五重去地六十
三丈二尺施功既訖糞塔如初在大塔南三
步婆羅門不信是糞以手探看遂作一孔年
歲雖久糞猶不爛以香泥塡孔不可充滿今
天宮籠蓋之雀離浮圖自作以來三經天火
所燒國王脩之還復如故父老云此浮圖天
火所燒佛法當滅道榮傳云王修浮圖木工
既訖猶有鐵柱無有能上者王於四角起大
高樓多置金銀及諸寶物王與夫人及諸王

子悉在上燒香散花至心精神然後轆轤絞
索一舉便到故胡人皆云四天王助之若其
不爾實非人力所能舉塔內物事悉是金玉
千變萬化難得而稱旭日始開則金盤晃朗
微風漸發則寶鐸和鳴西域浮圖最爲第一
此塔初成用眞珠爲羅網覆於其上後數年
王乃思量此珠網價直萬金我崩之後恐人
侵奪復慮大塔破壞無人修補即解珠網以
銅鑊盛之在塔西北一百步掘地埋之上種

樹樹名菩提枝條四布密葉蔽天樹下四面
坐像各高丈五恒有四龍典掌此珠若興心
欲取則有禍變刻石爲銘囑語將來若此塔
壞勞煩後賢出珠修治雀離浮圖南五十步
有一石塔其形正圓高二丈甚有神變能與
世人表吉凶觸之若吉者金鈴鳴應若凶者
假令人搖撼亦不肯鳴惠生既在遠國恐不
吉反遂禮神塔乞求一驗於是以指觸之鈴
即鳴應得此驗用慰私心後果得吉反惠生

初發京師之日皇太后勑付五色百尺幡千
口錦香袋五百枚王公卿士幡二千口惠生
從于闐至乾陀所有佛事悉皆流布至此頓
盡惟留太后百尺幡一口擬奉尸毗王塔宋
雲以奴婢二人奉雀離浮圖永充灑掃惠生
遂減割行資妙簡良匠以銅摹寫雀離浮屠
儀一軀及釋迦四塔變於是西北行七日渡
一大水至如來爲尸毗王救鴿之處亦起塔
寺昔尸毗王倉庫爲火所燒其中粳米燋然

至今猶在若服一粒永無瘧患彼國人民須
禁日取之道榮傳云至那迦羅阿國有佛頂
骨方圓四寸黃白色下有孔受人手指閃然
似仰蜂窠至耆賀濫寺有佛袈裟十三條以
尺量之或短或長復有佛錫杖長丈七以水
筩盛之金箔其上此杖輕重不定值有重百
人不舉值有輕時二人勝之那竭城中有佛
牙佛髮並作寶函盛之朝夕供養至瞿羅羅
鹿見佛影入山窟十五步四面向戶遙望則

衆相炳然近看瞑然不見以手摩之唯有石
壁漸漸却行始見其相容顔挺特世所希有
窟前有方石石上有佛跡窟西南百步有佛
浣衣處窟北一里有目連窟窟北有山山下
有六佛手作浮圖高十丈云此浮圖陷入地
佛法當滅并為七塔七塔南石銘云如來手
書胡字分明於今可識焉惠生在烏場國二
年西胡風俗大同小異不能具錄至正光二
年二月始還天闕衒之按惠生行記事多不

盡錄今依道榮傳宋雲家記故並載之以備
缺文
京師東西二十里南北十五里戶十萬九千餘
廟社宮室府曹以外方三百步爲一里里開
四門門置里正二人吏四人門士八人合有
二百二十里寺有一千三百六十七所天平
元年遷都鄴城洛陽餘寺四百二十一所北
邙山上有馮王寺齊獻武王寺京東石關有
元領軍寺劉長秋嵩高中有閑居寺棲禪寺

嵩陽寺道場寺上有中頂寺東有升道寺京南關口有石窟寺靈巖寺京西瀍澗有白馬寺照樂寺如此之寺既郭外不在數限亦詳載之

洛陽城北伽藍記卷第五終